몸밥

마음을 살찌우는
몸밥

이서영 지음

행복인문학산책 #2
마음을 살찌우는 몸 밥

초판 1쇄 발행 2018년 1월 31일
개정판 1쇄 발행 2019년 3월 23일

지 은 이   이서영
펴 낸 이   이서영
편   집   강홍석
삽   화   이서영/이익돈
인   쇄   (주)디에스프린텍
펴 낸 곳   솔아북스
등록일자   2015년 9월 4일
신고번호   제 477-2015-000002호
주   소   전북 순창군 복흥면 추령로 1778
           ebluenote@hanmail.net

► 목 차

들어가며 성인병이 아니라 '생활습관병' 입니다 · 008

#01 통찰

01 당신은 설탕의 노예인가―슈거블루스 · 029

02 식물의 정신세계 · 048

03 채식이 좋다―소박한 밥상 · 066

04 자연으로 돌아가라 · 083

05 통찰의 밥 : 통찰#에 대하여 · 101

#02 각성

06 아파야 산다 · 113

07 영양실조에 걸린 당신의 뇌 · 130

08 뇌와 장과 장내미생물은 연결되어 있다 · 148

09 물, 자연이 주는 최상의 묘약 · 166

10 각성의 밥 : 각성#에 대하여 · 183

#03 실행

11 암이 좋아하는 두 가지 조건―저산소・저체온 · 195

12 과도한 단백질 섭취가 우리 몸을 죽이고 있다 · 212

13 먹기를 더디 하라―간헐적 단식 · 230

14 세상을 향해 외치는 생명의 소리를 들어라 · 248

15 실행의 밥 : 실행#에 대하여 · 265

나가며 공존과 공생의 건강한 삶을 꿈꾸며 · 276

참고문헌 · 285

들어가며

성인병이 아니라 '생활습관병' 입니다

이제는 하나의 문명사적 자료로 평가되고 있는 미국 상원 영양문제특별위원회의 보고서가 있다. 이 작업은 1975년에서 1977년까지 2년에 걸쳐 이루어진 방대한 조사로 '식생활이 건강에 미치는 영향'에 대한 것이었다. 이 조사에는 세계의 저명한 학자 270여 명이 참가하였다. 위원회의 조사범위는 19세기 말부터 20세기에 이르기까지 식생활의 변천과 질병과의 관계를 역사적으로 추적하였고 지리적으로 세계의 여러 나라와 민족, 종교단체의 식생활 내용과 질병과의 '관계'를 치밀하게 조사, 연구한 결과물이다. 영국왕립의학조사회의의 휴 박사는 "금세기 초 런던의 큰 병원에서 1년 동안 맹장염 환자는 불과 다섯 사람 정도였다. 지금은 1,000명이 넘는다. 맹장염도 섬유질이 부족한 식습관에서 온 식원병이며 가공식품을 주로 먹는 현대인의 잘못된 식생활에서 비롯된 현대병이다"라고 지적했다.

맥거번 위원장은 "약이나 수술로도 좀처럼 고쳐지지 않는 성인병이 이대로 계속된다면 미국은 질병으로 파산할 것"이라고 경고했다. 쿠퍼 박사는 위원회에서 이렇게 증언했다.

"과학자들은 아직 식생활과 성인병의 구체적인 관련성을 인정하지 않지만 이들의 관련성을 보여주는 증거들이 증가하고 있다. 우리가 섭취하는 음식과 음료, 운동부족 등 보편적인 생활 방식이 암과 심혈관 질환, 기타 성인병의 원인이라는 인식이 보편화되고 있다"고 말했다.

1977년 1월 4일 맥거번 위원장은 이렇게 발표하였다.

"분명한 사실은 우리의 식생활 양상이 지난 반세기 동안 부정적으로 변천해 왔으며 그 결과 우리들의 건강에 지대한 악영향을 끼쳤습니다. 지방이나 (정제) 설탕, 그리고 (정제) 소금의 지나친 섭취는 여러 치명적인 병들 중 특히 심장병, 암, 뇌졸중 등과 직접적인 연관 관계를 갖고 있습니다. 미국인의 10대 질병 중 6가지는 그 원인이 우리들의 '식생활' 때문입니다."

여성들에게 가장 치사율이 높은 유방암은 대장암의 분포와 매우 유사한 지리적 분포를 보였다. 전세계적으로 지방이 풍부한 식품의 섭취와 연관이 있었고 일본에서는 비교적 드물게 발생하는 병이었으나 미국으로 이주한 일본인들 사이에서는 발병률이 증가했다. 결국 원인은 콜레스테롤과 지방 섭취량의 증가였다.

영양문제위원회의 결론은 한 마디로 '20세기 초의 식사'로 되돌아가자는 것. 그들은 잘못된 식생활을 개선하기만 해도 심장병의 25%, 당뇨병의 50%, 비만증의 80%, 암의 20% 정도를 줄일 수 있을 것으로 내다봤고 의료비의 1/3을 절약할 수 있을 것이라고 결론지었다. 말하자면 잘못된 식습관만 바꿔도 걸리지 않을 질병이라는 것이다. 사실 1970년대에서 40년이 지난 지금도 역시 우리는 절름발이 의학 속에서 살고 있다.

메이어 박사는 "미국과 캐나다에서 최대의 영양불량지구는 슬럼도 아니고 빈민가도 아니다. 바로 대도시의 병원, 입원실이 있는 병동이다"라고 외치기도 했다.
영양문제위원회는 이렇게 말한다. "영양을 무시한 의학이란 생각해보면 참으로 기묘한 의학이다. 왜냐하면 매일 우리가 먹는 음식물에 함유된 영양소가 결국 우리의 신체를 구성하며 생명활동을 영위하게 한다. 음식물 외에 신체를 구성하거나 운영하는 것이 무엇이 있는가? 음식을 잘 들여다봐라. 그러면 건강에 대한 답을 쉽게 찾을 수 있을 것이다."

병이란 건강한 신체를 습격하는 어떤 것일까? 그것이 우리를 공격하는 것일까? 사실은 결국 우리의 선택의 결과물이 아닐까? 그러므로 질병이 발병했다는 것은 우리가 스스로를 공격하고 습격한 최종적인 범인이라는 말이 아닐까? 병이 죄 없는 사람을 공격하는 것이 아니라 스스로 선택한 결과물로서 병을 얻게 되는 것은 아닐까?

병에 걸리는 첫 번째 원인은 세균도 아니고 바이러스도 아니다. 병에 걸리게 된 사람의 잘못된 식생활 습관과 육체적, 정신적 긴장, 즉 스트레스에 의해 저항력이 약해진 까닭이 아닐까? 저항력이 약해진 이유는? 우리가 먹는 음식물들이 우리를 살리는 것이 아니라 우리에게 독소가 되었기 때문이 아닐까? 세균이나 바이러스는 최후의 단계에서 자연의 질서의 한 부분으로 살 수 없게 된 유기체를 다시 흙으로 환원시키기 위해 등장한다. 세균이나 바이러스는 우리 생활 어디든지 존재하며 우리 신체 내에도 수없이 존재하고 있다. 생명의 활력이 있고 정상적인 건강 상태라면 저항력을 이용하여 그것들을 파괴할 충분한 힘을 가질 수 있다. 문제는 나쁜 음식들이 몸 안에 들어와 면역 능력을 떨어뜨리기 때문에 저항력이 떨어져 바이러스들과 제대로 싸워 이길 수 없는 것이다.

미국 상원 영양문제 보고서는 우리나라에 [잘못된 식생활이 성인병을 만든다]라는 제목으로 출판되었다.
어느 순간 성인병이 증가하기 시작했다. 동물성지방, 동물성단백질, 백설탕을 과잉섭취하고 반면에 비타민, 미네랄, 섬유질 등 야채와 과일의 섭취 부족은 성인병을 불러들여 결국 죽음에 이르게 한다. 칼로리는 지나치게 많고 이를 정상적으로 대사하는 데 필요한 미량영양소는 턱없이 부족한 상태. 게다가 섬유질이 부족한 영양의 불균형이 결국 심근경색, 암, 당뇨병으로 이어진다. 동맥경화증이 급격히 증가하고 결장암도 늘어난다.
미국의 경우 20세기 초에는 동물성단백질과 식물성단백질의 비율이 1 : 1이었으나 1970년대는 2.3 : 1로 두 배 이상 동물성단백질 섭취가 늘었다. 설탕의 소비가 알게 모르게 증가하고 곡류, 야채, 과일 등은 절반 이하로 줄어들었다. 총 칼로리의 4분의 1을 설탕으로 충당하고 있다는 통계 수치가 나왔다. 소비자 개인으로서는 통제할 수 없는 설탕이 온갖 음식 속에 들어가 죽음의 척도로 기능하고 있다.

미국의 6대 사인은 심장병, 암, 뇌졸중, 당뇨병, 간경화, 동맥경화증으로 이들의 특징은 모두 만성퇴행성 질환이다. 동물성단백질의 과도한 섭취의 결과물인 것이다. 또한 평균수명이 늘었다는 것은 단지 통계의 마술일 뿐 평균수명이 늘어난 것처럼 보이는 것은 신생아의 사망이 격감했기 때문이라고 한다. 중년의 평균수명은 늘어난 것이 아니라 성인병이 증가한 만큼 죽음은 느리게 찾아오지 않는다.

록펠러재단 건강문제연구소 위니코프 박사는 "결핵 등 세균성질환이 퇴치된 가장 큰 원인은 영양 개선 때문"이라고 말했다. 이는 영양결핍이 개선되었다는 의미이다. 과거에는 영양결핍으로 생기는 병들이 많았지만 지금은 영양과잉이 질병을 부르고 있다. 영양과잉이 질병을 부르는 이유는 간단하다. 영양이 불균형하기 때문에. 동물성단백질의 과잉섭취는 당뇨병을 유발하거나 악화시킨다.

성인병을 이제는 더 이상 성인병이라고 부를 수 없다. 성인병에 걸리는 연령층이 점점 낮아져 이제는 10대~20대에서도 증상이 나타나고 있기 때문이다.

"미국의 아이들은 6살에 벌써 동맥경화증이 나타나기도 한다"고 홍콩의 한 잡지가 비꼰 적도 있다. 이것은 동물성식품을 배불리 먹고 운동은 하지 않은 채 TV 앞에 몇 시간씩이고 앉아 있는 어린이들을 말한 것인데, 동물성식품에는 콜레스테롤과 포화지방이 많아 심근경색이나 뇌졸중의 원인인 동맥경화증을 촉진시킨다. 동맥경화는 노화현상이다.

한국전쟁 당시 미국 청년병사들의 혈관은 이미 동맥경화라는 노화현상이 나타나고 있었다고 한다. 동물성식품 과잉섭취의 부작용이었다. 한국전쟁에서 전사한 병사들을 미국의무당국이 해부한 적이 있었는데 20대 전사자들의 45%가 벌써 동맥경화가 진행 중에 있었고 5%는 확실한 심장병의 징후가 발견되었다고 한다. 반면 한국 병사들에게는 전혀 이러한 현상이 나타나지 않았다. 격세지감이라 이제 2017년의 20대 한국 젊은이들에게도 동맥경화 현상을 꽤 발견할 수 있을까?

캐나다 정부는 "캐나다에서는 35세에 벌써 심장병으로 죽기도 하는데, 35세 사망률의 5% 이상이 심장병"이라고 지적한 바 있다.

성인병의 연소화가 매우 빠른 속도로 진행되고 있으므로 이제 성인병은 '생활습관병'으로 불리고 있다. '만성병' 또는 '만성퇴행성 질환'으로 불러야 한다는 주장도 있다.

영양문제위원회는 매우 놀랍고 충격적인 자료를 미국 국립건강통제센터로부터 제출 받았는데, 이 보고서는 18세~44세 백인 여성을 조사한 결과다.

"비타민, 미네랄이 많이 부족하다. 특히 칼슘, 철분, 비타민 A, 비타민 C가 많이 부족하다. 칼슘은 56%, 철분은 92%, 비타민A는 65%, 비타민C는 49%나 부족했다"고 쓰여 있었다. 임산부에게 철분이 부족하면 태어난 영유아 또한 철분 부족을 일으키게 되고 이는 빈혈로 이어지며 비타민 군도 부족한 결과로 일찍 사망에 이르는 원인이 된다. 미국에서는 신생아 사망률을 줄이기 위해 가난한 임산부에 대한 비타민, 미네랄 등의 영양보조식품을 공급해 영양결핍을 해소했다고 한다.

1970년대 현재, 가장 유아사망률이 높은 곳이 바로 부와 풍요를 자랑하는 미국이다. 동불성난백질을 과도하게 섭취하는 이면에 비타민, 미네랄의 부족은 오히려 악화되었다. 영양문제위원회는 2년 간의 심의 결과를 국민에게 제시한 보고서에서 이렇게 권유한다.

"비타민과 미네랄의 보고인 야채와 해조류를 많이 먹어라. 그것도 가공하지 않은 것들을 먹어라. 빵도 가능하다면 통밀로 만든 것을 먹어라. 또한 설탕의 소비량을 줄여라. 붉은 고기를 줄여라."

설탕은 탄수화물이긴 하지만, 화학약품과 같아 칼슘, 철, 아연, 셀레늄 등의 미네랄과 비타민B군 등의 미량영양소가 거의 소실된, 영양학적으로 빈약하고 보잘것없는 식품이다. 설탕은 흰 밀가루, 흰쌀과 함께 정백가공식품의 대표적인 식품이다. 설탕에서 섭취하는 과도한 탄수화물을 줄이고 대신 곡류나 감자 등의 탄수화물이면서도 비타민이나 미네랄이 풍부한 음식물을 먹어야 영양의 균형을 맞출 수 있다. 야채와 과일을 먹어라.

영양문제위원회는 미국인이 먹는 식품의 50%는 가정에 공급되기 전에 이미 가공되어 있다고 지적한다. 비타민, 미네랄은 식품의 가공 때문에도 부족한데 각종 농약 등의 살포로 자연에서 이미 부족한 상태에 있다는 점을 감안한다면 심각한 우려를 표하지 않을 수 없는 상황이다. 대기오염물질인 아황산가스, 아산화질소 등이 대기층의 수분과 반응해 아황산이나 아질산 등 강산성이 되어 빗물에 녹아 토양에 스며든다. 그러면 토양의 표층에 들어 있는 유용한 미네랄이 물에 씻겨 강으로 간다. 그러므로 밭이나 논에서 재배되는 농작물은 산성화된 토양에서 충분한 미네랄을 얻을 수 없게 된다. 이것을 수확해 우리들이 먹는 식품이 되므로 악순환이 계속될 수밖에 없다. 칼슘, 철, 아연, 셀레늄 등은 건강에 지대한 영향을 미치는 미네랄이다.

영양문제위원회는 감자 칩을 위험식품으로 지적한다. 감자는 옛부터 독일인들의 최대 비타민C 공급원이었다고 한다. 현재 선진국들의 감자소비량은 감소 추세라고 한다. 감자 칩은 잘 팔리는데 감자 소비량은 줄어든다? 이유는 감자 칩은 '감자 아닌 감자'이기 때문에. 감자는 전분질식품이지만 감자 칩은 지방질식품으로 전혀 성격이 달라져버린다. 구운 감자는 1%의 지방밖에 없지만 감자 칩에는 40%의 지방이 있다. 가공과정에서 비타민C는 증발한다. 식물성 기름으로 칩을 만들면 비타민E를 섭취할 수 있다. 그러나 현대의 진보한 식물유 제조과정에서 비타민E는 사라지고 없다. 대신 합성항산화제가 첨가된다. 감자 칩을 비롯한 일체의 튀김류 식품이 문제가 되는 이유이기도 하다. 공업적으로 정제된 식용유는 순수한 식물성기름을 소재로 썼더라도 이미 비타민E, 레시틴, 셀레늄 등 좋은 영양소 성분은 거의 제거된다. 또한 합성산화제도 튀기고 가열하는 과정에서 소실된다. 결국 맹독성인 과산화지질을 생성하게 되므로 오래된 기름으로 튀기거나 튀긴 후 시간이 경과된 튀김류를 먹는 것은 독을 먹는 것과 같아진다. 과산화지질은 단백질과 결합하여 노화물질이 된다. 노인반점의 성분이기도 하다. 과산화지질은 독성이 대단한 독극물이다. 비타민, 미네랄 부족은 일차적으로는 식품 속 결핍이지만 이차적으로는 공해, 오염, 스트레스, 음주, 흡연 그리고 영양의 과잉섭취로도 나타난다. 결국 심장병과 결장암, 유방암 등의 암이 늘어나게 된다. 지방의 지나친 섭취는 동물성이건 식물성이건 암을 유발할 가능성을 키운다.

지방을 섭취하면 신체는 이를 쉽게 소화시키기 위해 담즙을 분비한다. 담즙 속에는 담즙산이 들어 있다. 이것이 장내세균에 의해 분해되면 발암물질을 생성한다. 즉 지방을 많이 섭취할수록 담즙 분비량이 많아지고 따라서 담즙산의 양도 늘어나고 결국 발암물질 생성치도 커진다. 또한 지방의 과다섭취는 뇌하수체에서 황체자극호르몬을 분비하고 유즙분비도 촉진시키는데 이것은 유방암으로 연결된다. 결장암도 불러 일으키는 원인이 된다.

영양상태가 악화되는 것은 식품가공의 산업화로 인해 영양소 손실과 파괴가 심각하기 때문이다. 우리는 늘 수많은 선전에 노출되어 있다. 식품산업은 거대한 광고로 우리를 현혹하고 사실을 은폐한다. 우리의 건강을 스스로 지키기 위해서는 비판력을 키워야 하며 자신의 건강을 혀의 유혹으로부터 지켜낼 수 있어야 한다. 건강은 나의 올바른 인식에서 시작된다. 암에 걸리기는 싫지만 먹고 싶은 것은 먹는다. 병에 걸리기는 하지만 그 병은 나로부터 말미암은 것이 아니다? 거짓말. 위선.

내 병은 내가 키운다. 내 건강은 내가 지킨다. 병에 걸리는 것도 건강을 지키는 것도 결국 내 몫이다. 건강은 혀를 자극하는 수많은 지뢰밭에서 살아남은, 선택의 결과물이다.

선진국에서 도대체 설명할 수 없는 새로운 종류의 병이 퍼지기 시작했는데 그것은 '저혈당증'이었다고 한다. 이 병의 원인은 백미나 흰 밀가루, 백설탕과 같은 정백가공식품이 주요 원인이며, 비타민이나 미네랄 부족도 발병의 원인으로 본다.

흰 밀가루나 설탕의 섭취를 끊고 비타민과 미네랄을 보충하고 인스턴트 식품을 끊은 지 2~3개월이 지나자 자연히 나았다.

미군 지원병 5,000명을 조사했더니 그 중 25%가 저혈당증이었다. 병원에서 치료를 받는 정신분열증 환자 중 67%가 저혈당증이었다. 저혈당증은 주로 이런 증상을 나타낸다. 마음이 공허하다, 머리가 자주 혼란스럽다, 건망증이 심하다, 집중력이 없어진다, 열등감으로 괴롭다, 감정을 통제하기 어렵다, 쉽게 흥분한다, 인내력이 없다, 특정한 어떤 것에 특히 초조해진다, 항상 긴장한다, 침착해지지 않는다, 자살하고 싶다, 눈이 희미하고 물건이 이중으로 보이기도 한다, 햇빛에 어지럽다, 갑자기 일어나면 어지럽다, 잠이 잘 오지 않는다, 식은땀을 흘리며 잠에서 깰 때가 있다, 갑자기 맹렬한 식욕을 느낀다, 흥분하면 손에 땀이 밴다, 가끔 심장 고동이 빨라진다, 근육이 가끔 굳어지기도 한다…

저혈당 증상은 주로 인스턴트식품, 육가공식품, 설탕이 많이 함유된 식품을 주로 먹었기 때문이다. 해결 방법은 자연식으로 돌아가는 것. 즉 식생활을 개선하는 것이다. 이러한 증상들이 나타났을 때 식생활을 개선하는 것이 아니라 바로 지금부터 말이다.

신경안정제를 복용하고 있다면 아마 점점 피곤하고 우울해지고 과격해지고 갑자기 난동을 부리고 흉기를 휘두르는 지경에까지 이를지도 모른다.

1970년대에 행동독리학이라는 학문이 생겨났다. 사람들의 행동이 달라지는 것을 연구하는 학문이다. 식품첨가물은 화학물질이다. 이것들은 행동독리학 상 많은 문제를 불러 일으킨다. 미나마타병은 수은중독으로 신경에 이상이 생기고 따라서 행동이 이상해지는 중금속성 중독이다. 이 외에 카드뮴, 납, 알루미늄, 비소 등 몇 가지 미네랄중독도 있다. 몸 속에 들어간 중금속이나 화학물질, 약품, 음식물 등을 문제 삼아 연구하는 분야가 행동독리학이다. 식품첨가물은 모두 행동에 문제를 일으키는 행동독리학상 물질이라고 할 수 있다. 정도는 가볍지만 식품첨가물은 새로운 형태의 수은이나 납이라는 뜻이다.

대부분의 식품첨가물은 나트륨염이다. 조미료 성분은? 글루탐산나트륨, 구아닐산나트륨, 이노신산나트륨 등으로 되어 있다. 소금 속 나트륨이 문제를 일으키는 것이다. 소시지, 햄, 베이컨, 런천미트 등 육가공품과 어육연제품 등에는 붉은 고기 색깔을 유지하기 위해 '아질산나트륨' 같은 발색제를 첨가하는데 이것이 발암물질을 생성한다.

영양문제위원회가 캐나다의 초등학교를 예로 들었다. 이곳 학생들에게 첨가물, 인공착색제, 보존제 등이 들어 있는 가공식품을 먹지 못하게 했더니 갑자기 아이들이 침착해지고 과잉운동성이 줄어들고 집중력 결여 등의 문제가 개선되었으며 학습 의욕도 향상되었다.

미국 캘리포니아에서는 등교거부, 학습불능 등 반항적인 아이들을 위한 프로그램을 운영하였는데 문제 학생들에게 첨가물 등 화학물질이 들어 있지 않은 음식물들을 먹게 하는 등 약간의 식사 개선만으로 몇 주일 사이에 믿기 어려울 정도로 증상이 개선된 놀라운 결과가 나타났다. 이들은 '식품첨가물의 희생자'였던 것이다.

페인골드 박사는 과잉운동성 아동의 40%는 케미컬(첨가물 등 화학물질)이 직접적인 원인이라고 강조했다. 식물에 '첨가물'을 허가하는 것은 우리 아이들을 두 번 죽이는 것이다. 페인골드 박사는 말한다. "가공식품에 첨가물을 넣는 일을 중지하고 손수 만든 자연식품으로 바꾸면? 아이들은 전혀 다른 성격의 아이로 변한다."

우리는 흰쌀을 먹는다. 그러나 흰쌀은 쌀이라고 할 수 없다. 쌀을 희게 정미함으로써 우리가 잃는 것은 비단 비타민뿐만이 아니다. 셀레늄, 마그네슘, 기타 아직 미처 우리가 모르는 수많은 것들을 잃어버린다. 슈퍼마켓에 가면 만날 수 있는 현란한 포장의 먹거리들은 당의정들이다. 그것들은 자연식품이 아니다. 온갖 것들이 첨가된 가짜 음식들이다. 이른바 쓰레기 음식들. 건강에 있어서 '풍부하다'는 것은 '자연적인 것'이라는 말이다. 상품의 종류가 아무리 많더라도 밀가루 하나만으로 가공하여 만든 과자나 국수 따위라면 그 원료는 밀가루 하나일 뿐이며 그 밀가루가 하얀 밀가루라면 그것은 방부제, 표백제 등이 첨가된 가짜다. 인간을 건강하지 않게 만드는 것. 그럼에도 불구하고 맛있게 먹음으로써 질병을 불러들이는 것.

성인병은 약이나 수술로는 '낫지 않는다.'

미국의 저명한 의학 평론가인 프레데릭 박사는 "영양요법이 구할 수 있는 환자를 약을 쓰고 수술을 해서 의학이 죽여버린다"고 말했다. 알론조 박사는 "우리들이 쓰는 인공의 치료약은 모두 독이며 따라서 먹을 때마다 환자의 활력을 떨어뜨린다. 병을 낮게 하려는 (공부하지 않는) 의사들의 열성이 도리어 심한 피해를 입히고 있다. 자연에 맡기면 저절로 회복될 것으로 믿어지는 많은 사람들을 서둘러 묘지로 보내고 있다"고 말했다. 현대의학을 배우고 현대의학의 선봉에 서왔던 의사들의 이러한 깨달음은 우리에게 많은 의미를 돌이켜보게 한다. 런던의 패트릭 박사는 현대의학의 암 치료법에 대해 "의사들의 암 치료법은 마치 유리창에 앉은 파리를 쇠망치로 때려잡는 것과 같다. 파리를 잡을 수 있을지는 모르지만 유리창은?"이라고 말하며 자연의 섭리로 돌아가자고 강조한다.

영양문제위원회는 고개를 저으며 질문한다. "의료비는 기하급수적으로 증가하는데 왜 이렇게 거액의 의료비를 들여도 국민의 건강은 점점 악화일로에 있는가?"

현대의학은 성인병은 손도 대지 못한다. 그들은 증상 처치만 할 뿐이다. 원인 규명을 하지 못하는 것이다. 세균성 질환은 세균만 퇴치하면 된다. 하지만 성인병은 대부분 몸 자체가 '변질'되어 나타나는 병이다. 악성종양은 위험하지만 그것도 우리 몸의 일부다. 동맥경화도 혈관내벽에 콜레스테롤 등이 침적하여 일어난다. 우리 몸의 일부다. 당뇨병 역시 영양상태의 부조화일 뿐이다. 푼자 지방 사람들은 심장병도 없다. 암에도 걸리지 않는다. 쓰레기 음식을 먹지 않기 때문이다. 너무 많이 먹지 않기 때문이다. 암의 90%는 식사나 화학물질이 원인이다. 바꿔라! 당신은 당신이 먹은 바로 그것이다.

겨울 내장산 400고지 에서
책읽어주는 여자 블루노트 이서영 드리다.*

#01

통찰

::

01 당신은 설탕의 노예인가—슈거블루스 · 029

02 식물의 정신세계 · 048

03 채식이 좋다—소박한 밥상 · 066

04 자연으로 돌아가라 · 083

05 통찰의 밥 : 통찰#에 대하여 · 101

#1 · 통찰

마음을 살찌우는 '몸밥'

> 자기 극복이 힘에의 본질이다. 다른 사람들의 주인이 되려면 일차적으로 자기 자신의 주인이 되어야 한다. 자신을 통제하고 지배할 수 있는 자만이 다른 사람들을 이끌 수 있다.
>
> —니체*

1. 당신은 설탕의 노예인가—슈거블루스

설탕은 정제된 수크로오스sucrose다. 사탕수수, 사탕무의 즙을 여러 화학 단계를 거쳐 가공, 생산하며 이 과정 동안 90%에 이르는 섬유질과 단백질이 모두 제거된다고 한다. 설탕은 달콤하고 기분전환이 된다고 느끼며 에너지를 만들어내는 원천이라고 착각한다. 그러나 설탕을 먹으면 감정 기복이 심해지고 신경이 날카로워지고 짜증이 늘고 자주 두통을 느끼고 늘 피곤하다. 결국 면역 기능이 뚝 떨어진다. 그러나 이것이 설탕 때문이라고 생각하는 사람은 극히 적다. 알고자 하지 않으면 다만 달콤하기만 한 설탕이 우리 몸에 어떻게 극단적으로 반응하는지 결코 알 수 없다. 우리 몸에 나타나는 반응은 거의 대부분 우리가 무엇인가를 지속적으로 먹고 마시고 느꼈기 때문이다.

정제된 수크로오스, 설탕, 정제 설탕으로 만들어진 빵과 아이스크림, 우유, 커피 ...

가공식품은 설탕덩어리다. 우리가 날마다 먹어대는 설탕덩어리로 인해 우리 몸은 교란되고 면역 기능은 떨어지며 결과적으로 온갖 질병의 집합장소가 된다. 그러나 내게 오는 질병이 내가 먹은 온갖 음식들, 그 중에서도 설탕이 주는 독한 선물임을 알고 있는 이는 극히 소수에 불과하다.

<슈거 블루스>의 저자, 윌리엄 더프티.

그는 어느 날 오찬 모임 겸 기자 간담회에 초대된다. 그는 그곳에서 여배우인 글로리아 스완슨과 우연히 조우한다. 그의 삶은 그녀와의 만남으로 완전히 다른 세계로 옮아간다. 그리고 결국 <슈거 블루스>의 저자가 된다. 그는 자신의 평생이 설탕과 블루스를 쳐왔음을 깨닫게 된다. 슈거 블루스.

여기서 '슈거 블루스'란 보통 설탕이라 불리는 정제 수크로

오스를 섭취함으로써 나타나는 육체 및 정신의 복합적인 질환을 의미한다고 한다.

간담회장에서 윌리엄은 샌드위치 포장을 벗기고 커피잔 뚜껑을 열고 각설탕을 하나 집어 들었다. 그때 그는 단호한 목소리를 들었다.

"그건 독약이에요."

그리고 그녀는 이렇게 말을 이었다.

"독극물을 먹고 있는 사람들을 보면, 난 아주 기분이 나빠져요. 사람들은 자신을 위해 올바른 길을 찾아야 해요. 힘들더라도."

그녀는 커피에 각설탕을 집어넣는 더프티를 바라보면서 말했다.

"흰 설탕을 먹는 건 자살행위에요."

이후 각설탕에 손이 갈 때마다 그녀의 단호한 말들이 윌리엄에게 이명처럼 들려왔다. 그는 그제서야 조금씩 자신이 설탕에 중독되어 있음을 깨달았다. 그것도 매우 지독하게.

어린 시절부터 그는 늘 설탕더미와 함께 살아왔다.

할머니는 식품 저장고에 늘 100파운드짜리 고급 설탕 포대를 보관해 두셨다. 설탕은 온갖 음식에 들어갔다. 그는 그렇게 삶에서 설탕과 조우했다. 여덟 살 무렵에는 선술집 겸 주유소에서 팔던 온갖 현란한 색깔의 설탕 음료에 매료되었다. 그는 어머니가 주무시는 동안 처음으로 지갑의 돈을 훔쳐 음료수 두 병을 샀다.

그는 음료의 달달한 맛에 중독되었다. 열두세 살이 되었을 때 그의 얼굴·목 등은 보기 흉한 여드름으로 뒤덮혔다. 형들에게서는 발견할 수 없었던 증상들이었다. 사람들은 그러나 알지 못했다. 그가 음료수 중독이었다는 사실을. 그는 어느덧 충치를 달고 살게 되었다. 하지만 역시 그 또한 알지 못했다. 충치가 자신이 무언가를 끊임없이 먹어왔던 결과물이라는 사실을.

고등학교 때는 몰트 초콜릿에 시달렸다. 그는 통학 버스 차비를 아껴 일주일에 다섯 개씩을 꾸준히 먹었다. 피부병은 나날이 심해졌고 운동이 끝나고 샤워할 때는 부끄럽기도 했지만 그것이 쵸콜릿에 미쳐 있었던 결과물이라는 사실과 연결시킬 수는 없었다. 그는 운동도 싫어했다. 대학에 가서는 펩시콜라에 젖어 살았다. 그는 군대에 징집되었다. 군대 음식은 그의 '입'에 맞지 않았다. 그래서 그는 시간이 날 때마다 맥아 분유, 설탕 커피, 빵,

캔디, 초콜릿, 코카콜라를 찾아 매점을 기웃거렸다. 몇 개월 후 그는 출혈성 치질로 죽음의 공포와 맞닥뜨려야 했다. 그때 그는 20대였다.

　20대 이후에도 그는 늘 끔찍한 병에 시달려야 했다. 전쟁 중 그는 지중해의 오란까지 가서 사막에서 3주를 보낸 적이 있었다. 영내 매점이 없어서 그가 그렇게 좋아하던 음식들을 먹을 수 없었다. 식량배급도 좋지 않아서 설탕이라고는 구경조차 할 수 없었다. 그가 당시 먹었던 것은 말고기, 토끼, 다람쥐, 프랑스 농부들이 먹는 검은 빵 등이었다. 가혹한 겨울을 나면서도 그는 감기 한 번, 재채기 한 번 없이 건강한 생활을 했다.

　전쟁 후 미국으로 돌아온 그는 다시 흥청흥청 먹어대기 시작했다. 크림 가득한 케이크, 맥아당, 초콜릿, 펩시콜라, 설탕, 설탕, 설탕…. 그리고 곧 그는 이상한 병에 걸려 다시 병원 침상에 드러누웠다. 치질이 재발했고 고열에 시달렸다. 검사 결과는 매우 다채로웠다. 전염성 단구증가증, 비전형적 말라리아, 간염, 대상포진, 피부 이상, 귀 감염, 눈병 등의 소견이 나왔다.

　더프티는 의사와 병원, 진찰과 처방, 검사와 약물 투약 속에서 끊임없이 15년 동안 허우적댔다.

'그를 진료한 수많은 의사들 중 어느 누구 하나 무엇을 먹고 무엇을 마시는지 조·금·이·라·도 관심을 가져준 의사는' 한 명도 없었다.

더프티는 다양한 종류의 약을 끼고 살았고 결국 어떤 약을 먹어도 반응을 하지 않게 되었다. 편두통은 늘 그를 침범했고 일할 수도 잘 수도 먹을 수도 없었고, 심지어 움직이기조차 힘들게 되어 응급환자로 입원했다. 고통은 지속적으로 그를 괴롭혔다.

의사들은 온갖 기기로 검사를 해도 특별한 병명을 찾아내지 못했다. 암도 아니고 뇌종양도 아니고 아무것도 아니었다. 그를 담당한 젊은 의사는 '그 나이가 되면 나타나는 정상적 증세'에 불과하다고 말했다. 보통 사람들도 그 나이가 되면 대개 수많은 질병을 경험하게 된다고. 비논리적인 말이지만 그밖에 달리 해줄 말을 의사들은 갖고 있지 못했다. 그저 '원·인·불·명.'

약도 듣지 않고 편두통도 사라지지 않자 그는 더 이상 견딜 수 없었다. 더프티는 유명한 내과 의사의 아들인 친구에게 전화를 걸었다. 친구는 그에게 식이요법을 처방했다. 헤로인이나 코카인에 의존하고 싶지는 않았던 더프티는 친구의 식이요법을 받아들여 보기로 작정했다.

그는 담배와 커피를 끊고 아침에는 오트밀을, 점심에는 쌀을, 저녁에는 쌀과 닭고기를 더 많이 먹었다. 아침 저녁으로 뜨거운 목욕을 하고 낮에는 가벼운 체조를 했다. 운동이라고는 해본 적 없는 그의 삶에 운동이 들어오기 시작한 것. 하지만 그리 오래 가지는 못했다. 그는 식이요법과 무절제한 생활을 섞었다. 담배와 커피를 끊기란 쉽지 않았다. 크림과 설탕이 듬뿍 든 커다란 커피 잔으로 하루를 시작해 정오까지 네다섯 잔을 마셨다. 입맛을 잃어버려 점심 생각이 사라지면 펩시콜라를 조금씩 마셨다. 식이요법을 조금이나마 따라가면 일시적으로 증상이 사라졌고 늘 하던 대로 돌아오면 다시 두통이 찾아왔다. 힘들면 다시 식이요법으로 넘어갔다. 무언가를 어렴풋이 깨닫기는 했지만 그 진정한 의미를 그때는 알지 못했다.

어느 날 그는 작은 책자 속에서 이 문장을 발견했다.
"병이 생기는 것은 다른 누구의 잘못도 아니다. 오직 내 잘못이다. 고통은 몸이 질러대는 마지막 비명이며 마지막 경고다. 내 몸을 잘못 사용하고 있음은 누가 말해 주지 않아도 스스로 더 잘 알고 있을 것이다. 그러니 이제 그만두도록 하자. 설탕은 독이고, 아편보다 더 해로우며, 방사성 낙진보다도 더 위험하다."

더프티는 그 작은 책자를 읽으며 글로리아 스완슨을 만났던 순간이 떠올랐다. 커피에 넣을 각설탕을 집어 들던 그에게 던진 그녀의 단호한 말들을 기억했다.

"그건 독약이에요. 난 설탕을 먹지도 않고 집에 두지도 않아요." 그리고 모든 사람은 자신을 위해 바·른·길·을·찾·아·야·한·다·고 그녀는 말했었다. 그는 고통 말고는 더 이상 잃을 것이 없다는 사실을 깨달았다. 다음날 굳은 결심과 함께 부엌으로 걸어갔다. 그는 설탕을 모조리 찾아내 쓰레기통에 버렸다. 설탕이 든 음식들을 찾아서 쓰레기통에 버렸다. 시리얼과 통조림 과일을 버렸다. 수프와 빵도 버렸다. 식품을 구입하면서 한 번도 성분 표시 라벨을 읽어본 적이 없었던 그였다. 선반과 냉장고가 텅텅 비어버린 것을 보고 그는 놀라지 않을 수 없었다.

이후 약 48시간 동안, 그는 엄청난 고통과 메스꺼움, 극심한 편두통을 이를 악물고 견뎠다.

설탕은 화학 물질이다. 사탕수수나 사탕무의 수액을 받아 '정제'해서 당밀을 만들고, 다시 '정제'해서 갈색 설탕과 백설탕을 만든다. 더프티는 설탕, 아스피린, 코카인, 카페인, 염소, 불소, 나트륨, 글루탐산 소다(화학 조미료로 사용되는 MSG), 그

외 복잡한 이름의 온갖 해로운 물질들을 한·순·간·에·모·두 끊어버렸다.

약 24시간 동안 고통은 다시 계속되었다. 마약을 중단할 때 중독자들이 겪는 금단현상 같은.

그리고 다음날.

그는 뜻밖의 선물들을 받기 시작했다. 그것은 그가 선택한 작은 기적이었다. 그리고 그는 그의 삶에서 계속 기적을 맛보고 있다.

항문의 출혈이 멈췄다. 잇몸 출혈도 멈췄다. 피부가 맑아졌다. 씻고 나자 피부의 감촉이 다르게 느껴졌다. 늘 통통 부어 있었던 손과 발의 형태가 드러났다. 아침이면 침대에서 맑은 정신으로 깨어날 수 있었고 뇌가 부지런히 가동되는 것 같았다. 셔츠와 신발이 헐렁해졌다. 그는 면도를 하다가 문득 되살아난 턱 선을 발견하고 놀랐다. 결과적으로 그는 5개월 후 92킬로그램에서 61킬로그램으로 반듯하고 산뜻한 몸매를 선물로 받았다. 새 몸, 새 정신, 새 삶을 만나는 순간이었다.

그는 어느 날 〈뉴욕 타임즈〉를 읽다가 다시 글로리아 스완슨과 마주쳤다. 그는 당장에 그 자리에서 그녀에게 감사의 편지를 썼다.

"당신이 옳았습니다. 당신의 말이 맞았습니다. 그때는 당신의 말뜻을 몰랐지만 이제는 확실히 알겠습니다."

더프티는 그후 친구의 요청대로 식이요법을 하다가 포기했던 더프티가 아니라 설탕 없는 삶을 간단 없이 실천하는 '무설탕 더프티'가 되었다. 설탕 없는 삶을 선택한 이후 더프티는 의사의 진료를 받을 일도, 병원에 갈 일도, 약을 먹거나 주사를 맞을 일도 없는 삶으로 편입되었다. 심지어 아스피린 같은 것조차 만날 일이 없는 삶을 살고 있다.

설탕이 당신 몸에 독약만큼 해롭다고 외쳐도, 당신의 정신과 육체를 조금씩 야금야금 갉아먹는 것이 설탕이라고 아무리 외쳐도 당신은 그저 흘려 들을 뿐이다. 그리고 몸이 아프다고 생각되면 병원으로 자발적으로 걸어 들어가 수많은 검사와 진단을 받고 의사로부터 약을 처방을 받는다. 일시적으로 증상이 가라앉으면 나았다고 착각한다. 식습관이나 생활 습관을 바꿀 생각은 하지 않는다.

질병과 발병 원인을 연결시키지 못한다. 내가 무엇인가를 먹었기 때문에 몸이 반응한다는 생각은 하지 못한다. 우리는 끝없이 대안 없는 다람쥐 쳇바퀴를 굴리고 있다. 몸은 망가지고 의사들은 부를 축적한다.

더프티는 이후 설탕의 역사와 폐해를 연구해 왔다. 그는 이렇게 말한다.

"우주의 영원한 질서 속에서, 인간이 '정제'한 설탕도 다른 모든 것만큼이나 고유의 역할을 가지고 있다. 설탕 지지자들은 사람들을 설탕에 빠져들게 하고, 달디단 식품을 퍼뜨려 설탕에 탐닉하는 부적합한 인류를 '자기 파멸'이란 방식으로 솎아내서, 이번에는 물이 아닌 코카콜라와 펩시콜라, 닥터 페퍼가 불러올 제2의 '대홍수' 속에서 살아남은 인류만을 선택하여 세상을 정화시키는 역할을 담당한다는 점에서 생태학적 천적이라고 불러도 될 것이다."

더프티는 현대 내분비학의 작용 메커니즘을 설명한다.

"삶과 죽음의 차이란, 화학적으로는 정수기의 물과 수돗물의 차이만도 못하다. 우리 몸에서 가장 민감한 기관은 '뇌'일 것이다. 기분이 들뜨거나 우울해지고, 정신이 멀쩡하거나 미치광이가 되며, 조용하거나 흥분하고, 영감을 받거나 우울증에 빠지는 등의 변화는, 크게 보면 어·떤·음·식·을·입·속·에·넣·어·주·느·냐·에·달·렸·다."

에이브럼슨과 페제 박사는 공저 <몸, 정신, 설탕>에서 이렇게 설명한다.

"···혈당 수치가 낮아지면 ···몸의 세포, 특히 뇌세포의 영양이 결핍된다. 이것은 음·식·을·섭·취·하·면·나 아진다···만약 우리 몸의 세포, 특히 뇌세포가 '만성적으로' 영양이 결핍된 상태라면 어떻게 될까? 가장 취약한 세포가 제일 먼저 고통을 겪는다."

신진 대사가 정상적으로 기능하면 부신의 지휘하에 균형이 잡힌 대사가 작동한다. 당은 단당류의 형태로 몸에 흡수된다. 그러나 정제 설탕은 이당류여서 생화학적 소화 반응을 겪지 않고 곧장 장에 도달하여 혈액 속에서 바로 흡수된다. 때문에 혈당치가 급격히 증가하고 체내 균형은 깨지고 몸은 위기에 빠지는 것이다.

이 위기를 뇌가 가장 먼저 알아채고 부신에 명령하여 당을 처리할 호르몬과 화학물질을 쏟아내게 한다. 췌장의 내분비선에서 인슐린이 분비되어 혈당을 낮춘다. 부신 호르몬은 혈당 수치를 높이는 상보—길항적 역할을 담당한다. 워낙 빠른 속도로 진행되기 때문에 당은 혈류에 너무 빨리 흡수되어 호르몬 균형의 낙차가 심각해진다. 혈당치는 정상치 이하로 떨어져 버린다. 이것이 두 번째 위기다. 결과적으로 췌장의 내분비선의 호르몬 분비가 멈추고 부신도 일부 기능을 멈춘다. 그러면 생화학 반응을 되돌려 혈당치를 다시 올리려고 부신은 또 다른 호르몬들을 양산한다. 혈당의 변화는 순간순간의 기분에 직접적인 영향을 끼친다. 혈당이 높아지면 기분이 급속히 고양된다.

그러나 저당 잡힌 에너지가 큰 파도처럼 올라갔다가 혈당 수치가 뚝 떨어지면 기분도 덩달아 축 처진다. 맥이 풀리고 피곤이 몰려온다. 떨어진 혈당 수치가 다시 오르기 전까지는 움직이는 것도 귀찮고 생각하는 것도 귀찮다. 뇌는 멍해지고 환각에 쉽게 빠진다. 정서는 불안정해지고 신경은 날카로워진다. 포도당이 혈액에 과다하게 유입될수록 증세도 심해진다. 설탕을 계·속·먹·으·면, 설탕에 대한 위기가 끝나기도 전에 다시 새로운 위기가 시작된다.

이런 습관이 부신을 손상시킨다. 거듭되는 충격 때문이다. 결과적으로 호르몬의 생산이 줄어들어 양이 절대적으로 부족해진다. 기능이 감퇴하고 호르몬의 균형이 깨지면 결과적으로 내분비계 전체에 영향을 미친다. 이 상황에서 스트레스가 발생하면 몸이 이 충격을 완화하거나 흡수하지 못한다. 효율은 갈수록 떨어지게 되므로 늘 피곤하다. 결국 슈거블루스의 희생자가 되는 것.

더프티는 말한다.

"몸·은·거·짓·말·을·하·지·않·는·다."

내분비학자 틴테라 박사는 [우먼스 데이]에 '내분비선에 대해 알아두어야 할 점'을 개제하면서 단호하게 이렇게 말했다.
"체질 개선, 능률 향상, 긍정적인 성격으로의 개선은 얼마든지 가능하다. 단, 사탕수수와 사탕무라면 어떤 형태의 것이든 먹지 마라."

일본의 민간치료자이며 50권 가량의 책을 저술한 니오티 사쿠라자와의 가르침에 따라 더프티는 자신을 치유할 수 있었다고 한다. 그는 니오티의 가르침을 우리에게 전한다.

"1인당 설탕 소비량이 엄청나게 급증하는 현상에 대해 서양 의학과 과학은 이제 겨우 경보 신호를 울리기 시작했다. 그러나 연구가 아직 수십 년은 뒤처져 있다... 동양의 오랜 지혜를 서양 의학이 받아들일 날이 오리라고 확신한다. 설탕은 의문의 여지 없이 인류 역사 제1의 살인자다. 그것은 아편이나 방사성 낙진보다 더 나쁘다. 쌀을 주식으로 하는 사람들에게 설탕은 치명적이다. 근대 문명이 극동과 아프리카 국가에 전파한 것들 중 설탕이 가장 사악한 악마이다. 아기들에게 설탕을 먹이고 판매하는 어리석은 사람들은 언젠가 자신들의 책임이 엄청나다는 사실을 깨닫고 공포에 빠질 것이다."

인간의 몸은 정제 설탕, 즉 수크로오스sucrose를 처리할 수 없다.

호퍼 박사는 '정신분열증 환자에 대한 메가비타민 B3요법'에서 "환자가 설탕이나 설탕이 든 음식을 제한하는 식이 프로그램을 따르도록 지도해야 한다"고 지적했다. 이는 정신분열증 또한 환자가 섭취한 음식물과 밀접한 관련이 있음을 지적하는 부분이다.

　실제로 뇌손상아, 학습장애아, 과잉 행동 장애 아동과 정신병 아동들의 경우, 가족들의 당뇨병 이력 경력이 비정상적으로 많았다고 한다. 부모들이나 조부모들 역시 당을 잘 처리하지 못한 것이다. 아이들은 저혈당이나 기능성 저혈당증에 빠지기 쉬운데 이것은 바로 몸이 당을 처리하지 못한다는 뜻이다. 바로 이러한 아이들이 당을 과·다·섭·취 하는 식습관까지 갖고 있는 것이다. 정신분열증 환자들은 단것, 캔디, 케이크, 커피, 카페인성 음료, 설탕이 듬뿍 든 음식들을 많이 먹는 것으로 임상 연구 결과 밝혀졌다. 이 음식들은 부신을 자극한다. 끊을 수 없다면 아주 소량으로 줄여야 하고 궁극적으로는 이 음식들과 절연해야만 한다.

　1940년대 틴테라는 병리학적 정신 작용을 연구하다가 내분비계, 특히 부신이 매우 중요한 역할을 하는 것을 발견했다. 200여개의 사례를 통해 부신피질 기능 저하증을 치료하면서 이들의 증상이 마치 당을 제대로 처리하지 못했을 때 나타나는 반응과 유사하다는 사실을 발견한 것이다. 이들은 만성피로, 불안, 우울, 지나친 염려, 단맛에 대한 탐닉, 알코올 처리 장애, 집중력 쇠퇴, 알레르기, 저혈압 등 '슈거 블루스'와 유사한 반응을 나타내고 있었다.

정제 설탕은 몸에 치명적이라고 더프티는 말한다. 설탕은 영양소가 없다. 설탕은 없느니만 못하다. 설탕을 소화하고 독소를 해독하고 체외로 배출시키려면 몸 속의 귀중한 비타민과 미네랄이 소모되기 때문이다. 몸의 균형을 유지하기 위하여 우리가 설탕을 섭취하면 소금의 나트륨, 채소 중의 칼륨과 마그네슘, 뼈의 칼슘 등의 미네랄 성분이 결집, 화학 변화를 불러 일으킨다. 혈액의 산—염기 평형을 회복, 몸을 정상으로 유지하기 위해 중성인 염을 합성하는 것.

설탕을 입에 달고 살면 과도한 산성이 된다. 이 상태에서 산—염기의 평형을 맞추려면 체내 깊숙이 저장되어 있던 미네랄을 쓸 수밖에 없게 된다. 혈액을 보호하기 위해 뼈와 치아 속 칼슘을 빼내어 써야 하는 지경에 이르게 되면 이는 썩게 되고 모든 기관의 건강이 급속도로 나빠지게 된다. 온몸의 기능이 약해지고 혈압이 비정상적으로 변한다. 부교감신경에도 문제가 생기게 되면 소뇌 같은 기관의 활성이 떨어진다. 설탕을 많이 먹으면 뇌 기능이 심한 타격을 받는다. 순환계와 림프순환계도 문제가 발생한다. 불량 적혈구가 생기고 백혈구가 과도 생산되어 조직의 생장이 느려진다. 몸의 저항력과 면역력이 저하된 결과 추위·열·해충·세균 등의 극단적 공격에 적절한 반응을 할 수 없게 된다.

더프티는 말한다. 지금까지 설탕 업계는 막대한 자금력으로 과학자들을 은밀히 매수해 왔다. 돈을 들여 최고의 과학자들을 동원한다면 아무리 사이비 과학자일지라도 언젠가는 희소식을 주지 않겠는가 라고.

그러나 지금까지 과학자들이 입증한 사실은 다음 3가지라고 한다.
첫째, 설탕은 충치를 유발하는 주된 원인이다.
둘째, 설탕을 먹으면 체중이 과다하게 는다.
셋째, 식생활에서 설탕으로 만든 먹거리를 추방하면 전세계인의 중증 질환인 당뇨병, 암, 심장 질환 등의 증상을 치유할 수 있다.

그는 [슈거 블루스]의 마지막 문장을 이렇게 쓰고 있다.

"과감성과 상상력, 좋은 재료만 있으면 맛있는 무설탕 자연식품을 만들 수 있다. 이런 방식으로 식생활을 바꾸면 날씬하고 건강한 몸매와 더 나아가 '맑은 정신'을 가지게 되어, 설탕으로 인한 신체적·정신적 문제로부터 자유를 누리게 된다."

결국 건강은 먹거리의 노예 상태에서 해방되어 주체적인 자유를 선택함으로써만 가능한 귀한 선물이다.*

> 나는 무지하고, 경험 없고, 적당한 재료도 없는 불리한 상황에서 일을 시작했다. '제로'에서 출발한 게 아니라 '마이너스'에서 출발한 셈이었다.
>
> ─실라 케이-스미스*

2. 식물의 정신세계

우리는 식물들에게 둘러싸여 산다. 그들은 자연의 엄청난 부분을 차지하고 있다. 그들이 호흡하면서 내놓는 산소가 없다면 인간은 살 수 없다. 우리는 식물들에게 엄청난 은혜를 입고 살고 있는 셈이다. 물론 식물과 인간은 공생관계다. 우리가 착각하는 것은 식물과 인간이 공생관계임을 간혹 잊어버린다는 것이다. 아니 어쩌면 아예 인식조차 못하고 있는지도 모른다. 인간 중심의 사고가 몸에 배어 있기 때문이다.

식물이 없다면, 광합성을 하는 녹색 식물이 없다면 인간은 숨도 쉬지 못하고 먹지도 못할 것이다. 식물의 잎사귀에는 약 100만 개의 공기구멍이 있어서 이를 통해 이산화탄소를 들이마시면 산소가 뿜어져 나온다. 광합성의 산물인 당류에서 녹말, 기름, 왁스, 섬유소 같은 것들을 만들어낸다. 인간은 식물과 함께, 즉 자연과 함께 있을 때 참된 휴식을 얻을 수 있다.

[식물의 정신세계]를 읽다 보면 20세기 라울 프랑세라는 생물학자를 만나게 된다. 그는 충격적인 이론을 발표했다. 식물도 자신의 몸을 고도로 진화된 동물이나 인간처럼 자유롭고 쉽게 그리고 우아하게 움직이는데 우리가 그것을 인식하지 못하는 것은 그 움직임이 인간보다 너무도 느리기 때문이라는 것.

식물의 뿌리는 대지 속을 탐색하듯 파고들어 가며 새싹이나 잔가지들은 일정한 동그라미 형태로 움직이고 잎사귀나 꽃들은 다양한 변화를 보이면서 구부리거나 떨고 덩굴손들은 주변 환경을 살피려고 더듬듯 팔을 뻗는다고 그는 설명했다.

프랑세는 움직임이 없는 식물이란 없다고 말한다. 식물의 성장 자체가 일련의 움직임이라는 것이다. 식물은 쉬지 않고 굽히고, 방향을 바꾸고 흔들리는 등의 움직임을 보인다고 한다. 여름

날이면, 나무 그늘로부터 뻗어 나온 수천 개의 가지들이 자기들을 받쳐 줄 든든한 줄기가 자라나기를 기다리는 열망으로 몸을 떤다고 한다. 약 27분 만에 한 바퀴의 원을 그리는 포도나무 덩굴손은 버팀대를 발견하면 20초 안에 그것을 감싸 1시간쯤 지나면 떼어내기 힘들 정도로 단단히 붙들어 맬 수 있다고 한다. 그리고 나선형으로 감기 시작하는데 감김을 따라 나무의 본체도 그 위쪽까지 따라오게 된다. 버팀대를 필요로 하는 식물들은 근처의 버팀목이 될만한 것들을 찾아 한사코 기어오른다. 식물들은 거의 움직이지 않는 것처럼 보이지만 사실은 주위에서 일어나는 일들을 감지하고 이에 반응을 보인다.

끈끈이주걱은 백발백중 파리를 붙잡을 수 있다. 식물들은 어떤 개미가 근처에 오면 접근하지 못하도록 꽃잎을 오므리고 있다가 개미들이 기어오르지 못할 만큼 이슬이 충분히 맺혀 있을 때 꽃잎을 벌리기도 한다. 늪지대에 사는 어떤 식물들은 질소 성분이 부족해, 살아 있는 벌레를 잡아 먹음으로써 이를 보충하기도 한다. 육식 식물의 촉수는 입과 위 역할을 동시에 담당하는데 촉수를 뻗어 먹이를 잡아 통째로 먹고는 뼈다귀만 남겨 놓는다. 곤충을 잡아먹는 끈끈이주걱은 잎사귀에 돌이나 쇳조각 등을 올려놓으면 전혀 반응이 없다. 다윈은 이 끈끈이 주걱이 자신의 먹이가 되는 것은 0.00000083그램의 무게까지도 감지한다는 사실을 발견했다. 덩굴손은 0.00025그램에 불과한 비단실 한 오라기만 있어도 든든히 매달릴 수 있다고 한다.

식물들은 정교한 건축가이기도 하다. 그들은 외부의 힘에 의해 찢겨지는 것을 막기 위해 새끼줄처럼 나선형으로 꼬인 섬유 구조로 서로 맞물려 얽혀 있어서 좀처럼 찢어지지 않는다.

식물은 또한 방향이나 미래에 대한 지각 능력도 있다고 한다. 미시시피 대초원 지대의 개척자들과 사냥꾼들은 한 종류의 해바라기를 발견했는데 잎사귀들이 정확하게 나침반이 가리키는 방위를 가리키고 있었다. 인디언 감초라는 풀은 모든 형태의 전기나 자기에 매우 민감하여 날씨를 예상할 수 있다고 한다. 런던의 큐 식물원의 식물학자들은 인디언 감초를 이용하여 태풍이나 지진, 화산 등을 예측할 수 있다.

고산 지대의 꽃들은 계절을 정확하게 알아 봄이 오면 아직 남아 있는 눈 더미들을 열을 내어 녹이면서 뚫고 나와 싹을 틔운다고 한다.

프랑세는 식물들이 바깥 세계와 교신할 수 있는 수단을 지니고 있음을 믿었다. 식물이란 감각이 없는 단순한 자동 기계라고 생각하는 인식이 대부분인 인간 중심의 사고 방식은 식물이 적극적인 의지와 의도를 가진 존재라는 사실을 인정하기 싫어한다. 왜냐하면 그러한 사실을 인정한다는 것은 기존의 관념을 버리고 새로운 사고방식을 지녀야 함을 의미하기 때문이다.

식물은 인간의 귀에는 들리지 않는 소리, 인간의 눈에는 보이지 않는 적외선이나 자외선 같은 색깔의 파장까지도 구별할 수 있고 특히 엑스레이나 텔레비전 같은 고주파에 민감하다는 사실들이 밝혀지고 있다.

1966년 '벡스터 효과'라는 유명한 관찰은 식물이 지각능력이 있음을 밝히는 대단한 발견이었다. 벡스터는 학교에서 밤새워 연구 중이었다. 그 학교는 경찰관이나 보안 담당자들에게 거짓말 탐지기의 사용법을 교육시키는 곳이었다. 벡스터는 문득 거짓말 탐지기의 전극 하나를 자신의 사무실에 놓인 야자나무처럼 생긴 드러시너에게 갖다 대면 어떤 반응이 생길까 궁금해졌다. 벡스터가 물을 주자 나무는 순식간에 물을 빨아들였다. 하지만 거짓말 탐지기는 반응하지 않았다. 거짓말 탐지기로 쓰이는 검류계는 약한 전류가 흐르는 전선을 사람에게 갖다 대면 그 사람의 심리나 감정의 변화에 따라 바늘이 움직이거나 종이 위에 그래프로 도표가 그려지는 거짓말 탐지기의 일종이다. 이 측정기는 감정과 생각의 자극에 따라 변화하는 인간 신체의 전압의 변화를 측정하는 기구이다. 인간의 반응이 검류계상에 확실하게 나타나게 하려면 그 사람을 위협하면 된다. 그러면 가장 효과적으로 감정 반응이 그래프로 나타나게 되는 것이다.

 백스터는 드러시너에게도 그렇게 해 보기로 결정하고 잎사귀 하나를 뜨거운 커피잔에 담갔다. 하지만 검류계는 별 반응이 없었다. 백스터는 잠시 생각하다가 좀더 가혹한 방법을 떠올렸다. 전극을 연결시킨 잎사귀를 '불에 태워 봐야겠다'고 결심한 것이다. 바로 그때 그가 불을 떠올리며 성냥을 가져오려고 움직이기도 전에 놀랄 만한 일이 일어났다. 검류계의 바늘이 급작스럽게 움직이면서 그래프의 도표가 위로 쭈욱 올라가는 것이다. 백스터의 생각을 식물이 읽어내기라도 한 것처럼.

 백스터가 잠시 그 방을 나와 성냥을 찾아 돌아갔을 때 또 다른 급격한 감정의 변화를 보이는 기록이 도표에 남아 있었다. 백스터가 '썩 내키지 않는 마음'으로 잎사귀를 태우려 하자 그래프는 조금 낮은 봉우리를 그렸다. 잠시 후, 그가 단지 잎사귀를 '태우려는 시늉'만 할 때는 그의 마음을 읽은 듯 전혀 아무런 반응도 나타내지 않았다. 백스터는 결론지을 수 있었다.

'식물도 생각할 줄 안다.'

그는 자신의 검류계가 고장 난 것은 아닐까 의심했다. 하지만 검류계는 정상이었다. 벡스터와 그의 동료들은 다른 식물들과 다른 기구들을 가지고 전국을 돌아다니며 실험해 보았다. 상추, 양파, 오렌지, 바나나 등을 비롯 25가지가 넘는 식물과 과일들을 대상으로 실험해 보았다. 관찰 결과는 모두 비슷했다. 이것은 생명에 대한 새로운 시각을 인간에게 요구하는 '사건'이었다.

벡스터는 이후 식물들이 무엇을 지각할 수 있는가를 알아내기 위해 과학 연구소를 설립했다. 갖가지 식물들에 관한 많은 기록들이 작성되었다. 식물들의 잎사귀는 본체로부터 떨어져 있거나 잘게 잘려져 있거나 비슷한 반응을 나타냈다. 식물들은 또 인간의 위협에만 반응하는 것이 아니라 갑자기 개가 나타난다거나 호의적이지 않는 사람이 나타나는 등의 돌연한 위협 상황에도 반응을 나타냈다. 그는 관찰을 통해 식물들이 스스로 감당할 수 없는 위험에 처하게 되면 잠시 기절하거나 완전히 실신하는 등의 방법으로 자기 방어를 한다는 사실도 알아냈다.

한 번은 캐나다의 한 생리학자가 와서 실험을 하는데 몇 번을 실험해도 전혀 반응을 하지 않는 것이었다. 벡스터가 짚이는 게 있어서 그 생리학자에게 물었다.

"혹시 작업하는 중에 식물에게 해를 끼치는 일을 하기도 하십니까?"

생리학자가 대답했다.

"그렇습니다. 사실 제가 하는 직업은 식물들을 죽이는 일입니다. 수분을 증발시키고 오븐에 집어넣고 굽기도 한답니다."

생리학자가 공항으로 떠난 지 45분쯤 지나서야 벡스터의 식물들은 다시 유연하게 반응을 보이기 시작했다. 이를 통해 벡스터는 식물이 스스로를 의도적으로 기절시키거나 최면 상태로 빠뜨릴 수 있음을 깨달았다. 인간과 교감하는 식물이라니, 신기하면서도 놀랍지 않은가?

우리는 식물을 단지, 바라보는 미학적 대상으로 여기거나 먹거리의 일부로 수용할 뿐이다. 식물이 내게 주는 영양학적 관점에서만 바라볼 뿐 생명 대 생명으로 애틋하게 바라보지 않는다. 어떤 음식을 취하든 무언가를 먹는다는 행위는 생명과 생명이 만나는 중대한 사건임을 우리는 잊어서는 안 된다. 인간이라는 생명체를 보존하기 위해 그 에너지를 우리는 식물이나 동물에게서 얻는다. 그것은 생명과 생명이 맞닿는 작업이다. 신성한 작업인 것이다. 단지 혀에 길들여지고 맛에 길들여져 식물이나 동물들이 인간들의 먹이 이상도 이하도 아니라고 생각하는 우리의 인식은 바꾸어야만 한다.

20세기 후반에 들어오자 우리는 이전에는 존재하지 않았던 다양한 질병 상태에 노출되게 되었다. 환경이 급속도로 파괴되고 생태계가 파괴된다. 먹이 사슬의 최고 위치에 있는 인간은 무엇이든 인간 자신의 몸을 위하여 다른 생명을 아무런 생각 없이 도살하고 온갖 양념을 해서 눈이 행복하고 혀가 행복한 음식을 먹는다. 미식가라는 이름으로 무수한 생명들이 도살된다. 식물을 먹는 것 또한 살아 있는 생명을 취하는 일이다. 그것은 당연한 것이 아니다. 생존을 위한 어쩔 수 없는 선택이라면 존재 대 존재가 만나는 겸허한 순간을 늘 맞이하고 있음을 잊어서는 안 된다. 육안으로 보았을 때 인간 우위인 모든 것들은 마음의 눈으로 보고 영혼의 눈으로 바라보게 되면 완전히 다른 국면으로 바뀔 수도 있다. 다른 차원의 눈이 필요한 것이다.

야채라고 불리는 것들, 과일이라고 불리는 것들이 인간의 입으로 들어온다. 우리는 그 생명들을 취하고 그 에너지들을 취함으로써 유기체로서의 생명을 이어간다. 따라서 서로에 대한 교감이 없다면 그것은 단지 맛과 영양소 이상의 아무것도 아닐 수 있다.

 벡스터는 식물이나 그 세포가 외부로부터의 신호를 알아낸다는 사실을 증명하기 위해 볼티모어의 한 기자와 실험을 했다. 벡스터는 필로덴드론이라는 덩굴 식물을 검류계와 연결하고는 기자에게 물었다.
 "당신의 출생년도는 언제입니까?"
 벡스터는 미리 1925년부터 1931년까지 7년간의 연도를 차례차례 물으면서 전부 "아니오"라고 말하라고 미리 부탁했다. 그리고 검류계에 연결된 식물의 그래프를 확인했다. 모두 '아니오'라고 말했음에도 불구하고 높이 올라간 연도가 있었다. 기자가 입 밖으로 낸 적이 없음에도 식물은 정확하게 기자의 출생년도를 알아맞혔다.

 같은 실험이 정신병리학자인 에서 박사와 화학자인 딘 박사에 의해 행해졌다. 이들은 묘목 때부터 정성껏 길러온 필로덴드론을 가져온 한 남자와 실험을 했는데, 검류계를 식물에게 연결시키고는 주인에게 질문을 했다. 그 중 몇 가지는 거짓말로 질문하라고 지시한 실험이었다. 그 결과, 필로덴드론은 너무도 쉽게 거짓말을 가려냈다. 처음에는 벡스터의 주장을 비웃었던 에서 박사도 이렇게 고백하지 않을 수 없었다고 한다.

"나는 벡스터를 비웃었던 말들을 취소하지 않을 수 없었다."

식물도 기억을 할 수 있을까?를 알아보기 위해 벡스터는 '범인 찾기'라는 실험을 실시했다. 두 그루의 식물이 있는 방에 누군가 들어가 한 그루를 무참히 죽인 후, 남은 한 식물이 그 범인을 찾아낼 수 있는가를 실험한 것이다. 이 실험에 벡스터의 학생 여섯 명이 참가하겠다고 자청했다. 그 중 몇 명은 숙련된 경찰관이었다. 제비뽑기를 해서 한 사람이 지정되었다. 어느 누구도 누가 범인일지 알 수 없는 상황을 설정한 것이다. 물론 무작위 제비뽑기였으므로 본인을 제외하고는 벡스터조차 누가 범인인지 알 수 없었다. 참극을 경험한 식물에게 검류계를 연결시킨 뒤 한 사람씩 지나가게 했다. 다른 다섯 명이 지나갈 때는 아무런 반응이 없던 식물은 범인이 접근하자 격렬하게 바늘을 움직이게 했다.

또 다른 실험도 행해졌다. 벡스터는 일련의 관찰을 통해 식물과 그 보호자 간에, 거리와는 상관 없이 서로 특별한 교감이나 친근감이 형성된다는 사실을 알게 되었다. 벡스터가 강의 차 여행을 떠나 드러시너의 슬라이드를 보여주면서 그 첫 관찰에 관해 강의할 때 그의 사무실에 있던 식물은 그래프에 특별한 반응을 기록으로 남겨놓았다. 벡스터는 이 과정을 통해 식물들은 어떤 특정인과 특별한 유대 관계를 설정하면 그가 어디에 있든지, 아무리 많은 인파 속에 있더라도 그와의 유대를 계속 가져가는 것으로 파악했다.

한 번은 늘 함께하는 식물을 가진 여자 친구를 통해 확인할 수 있었는데 그녀로 하여금 비행기를 타고 미대륙을 가로질러 1,120킬로미터 가량 떨어진 곳으로 가게 했다. 그리고 스톱 워치를 통해 확인한 결과 그녀의 식물들은 비행기가 착륙하려는 순간의 그녀의 감정적 스트레스를 그대로 보여주었다. 이러한 지각 능력을 어떻게 설명할 수 있을까?

벡스터로서는 인간의 생각과 감정을 식물에게 전하는 것이 무엇인지, 식물이 인간의 생각과 감정을 어떻게 인식할 수 있는지, 도대체 어떤 종류의 에너지파인지 알 수 없었다. 그래서 그는 식물들을 납으로 된 상자에도 외부 정전기장의 영향을 차단시킨 패러데이 상자에도 넣어 보았다. 그러나 어떤 방법으로도 식물과 인간의 교신로를 막을 수 없었다.

백스터는 식물이 자기 주변의 세포 하나하나의 죽음이라는 극히 미세한 것에도 반응을 나타내는가가 궁금했다. 그가 요구르트에 잼을 섞을 때 잼 속의 화학 방부제가 요구르트의 생균을 '죽인다'는 사실을 백스터는 식물의 반응을 보고 알게 되었으며 뜨거운 물을 수챗구멍에 부을 때 그 물이 수챗구멍의 박테리아를 '죽이기' 때문에 식물이 반응한다는 사실을 알게 되었다.

세포학자 하워드 밀러 박사는 이렇게 결론을 지었다.

"모든 생물은 공통적으로 어떤 종류의 '세포 의식'을 지닌 것이 틀림없다."

이 가설을 증명하고 싶었던 백스터는 온갖 종류의 단세포들, 즉 아메바, 짚신벌레, 효모, 곰팡이 배양균 그리고 사람의 입천장에서 떼어낸 점막, 혈액, 심지어 정자에 전극을 갖다 대어보았다. 식물의 반응과 같은 흥미로운 결과를 예상하면서.

그중 정자 세포의 반응은 놀랄만한 것이었는데 그 정자 세포는 오직 자기의 본체인 남성에게만 반응을 보였던 것이다.

이후 그는 자신의 연구를 인정받기 위해서 인간의 개입이 배제된 실험 장치를 준비했다. 이 준비는 2년 6개월이라는 시간과 수천 달러의 비용이 필요했고 '초심리학 재단'의 도움을 받았다. 그는 인간이 개입할 수 없는 자동장치를 통해 세 종류의 식물을 각기 다른 방에 놓고 살아 있는 싱싱한 새우를 끓는 물에 넣을 때의 반응을 실험했다. 각기 다른 방에 있던 식물들은 예외 없이 새우가 끓는 물에 들어갈 때마다 특정한 반응을 나타내는 것이었다. 이 실험의 전과정과 결과는 1968년 겨울 [국제 초심리학 잡지] 제10권에 '식물의 삶에 있어서의 근원적 지각 능력에 대한 증명'이라는 제목으로 실렸다. 이로써 그의 실험은 전 세계적인 관심을 끌게 되었다.

그는 이 실험을 통해 검류계보다 훨씬 더 예민한 심전도계라든가 심전도계보다 10배나 더 민감한 뇌파 탐지기 같은 값비싼 장비들을 지원받을 수 있었다.

어느 날 저녁, 그는 자신의 애견에게 먹이려고 날달걀을 깨뜨렸다. 그 순간 탐지기에 연결된 식물들 중 하나가 격렬한 반응을 일으켰다. 다음날 저녁에도 같은 일이 일어났다. 그는 달걀을 검류계에 연결시켜 보았다. 9시간 동안 달걀은 움직임의 흔적을 그래프에 남겨놓았다. 그것은 부화가 3~4일쯤에나 나타나는 병아리 태아의 160~170의 심장 박동수였다. 달걀은 가게에서 사온 흔한 것이었으며 무정란이었을 뿐이다. 현대 과학의 지식으로 풀 수 없는 '힘의 장'에 발을 들여 놓는 순간이었다고 그는 말했다.

벡스터가 미국 동부 지역에서 연구하고 있을 때, 캘리포니아 주 IBM의 화학연구원인 마르셀 보겔은 창조성에 관한 세미나를 진행하고 있었다. 세미나 참가 수강생 중 한 사람이 벡스터의 연구가 실린 기사를 보여주었다.

'식물에게도 감정이 있는가?'

그는 기사를 접하고 벡스터를 사기꾼에 협잡꾼이라고 생각했고 잡지를 쓰레기통에 던져버렸다. 하지만 며칠 동안 그 기사의 제목은 보겔의 마음을 자꾸 끌어당겼고 결국 그는 그 기사를 다시 읽어보았다. 그리고는 수강생들에게 그 기사를 읽어주었다. 반응은 양분되었고 결국 직접 실험을 해보자는 쪽으로 의견이 일치되었다. 그는 수강생들을 세 그룹으로 나누어 벡스터의 성과를 재현해 보았으나 별 성과가 없었다. 다만 그 자신만이 몇 가지 똑같은 성과를 얻어냈다. 그는 왜 자신만이 실험에 성공했을까 고민했다. 그리고 그것이 칼 융이 말한 '심적 에너지'가 아닐까 생각하게 되었다.

그는 마침 영적인 능력이 있는 비비안이라는 친구에게 도움을 청했다. 그녀는 범의귀 잎사귀 두 장을 뜯어다 하나는 침대 옆 탁자에다, 다른 하나는 거실에다 놓아두고 보겔에게 말했다. "이제부터 저는 아침마다 침대 옆 잎사귀를 바라보겠어요. 계속 살아있으라고 말하면서요. 나머지 잎사귀는 그냥 내버려두겠어요. 그리고 어떤 일이 일어나는지 살펴보기로 해요."

한 달이 지났을 때 보겔은 그녀의 집으로 가서 매우 놀라운 사실을 목격했다. 관심을 두지 않은 잎사귀는 갈색으로 변해 썩어가고 있었고 머리맡의 잎사귀는 여전히 싱싱함을 유지하고 있었던 것이다.

보겔은 자신도 같은 시험을 해보려고 느릅나무 잎사귀 세 장을 땄다. 매일 아침 세 잎사귀들 중 양쪽 두 잎사귀에게는 자상하게 계속 살아있기를 권하면서 약 1분간 그윽하게 들여다보았다. 가운데 잎사귀는 무시했다. 아예 없는 것처럼. 1주일이 채 못 되어 가운데 잎사귀는 갈색으로 시들었고 가장자리 두 잎사귀는 여전히 푸른 빛으로 성성함을 유지했다. 놀라운 것은 두 장의 잎사귀들이 나무에서 뜯겨질 때 입은 상처 또한 나은 것처럼 보였다는 것.

보겔의 결론은?
그는 식물이 자신의 의도를 알아채는 것으로 보아 인간의 의도가 모종의 에너지장을 형성하는 것이 틀림없다는 생각에 도달했다. 그의 순수한 의도는 식물들에게 전달되었다. 적의의 에너지를 가진 사람에게 식물은 전혀 반응하지 않았다. 보겔은 자신이 의식을 집중하면 식물도 자신에게 반응을 나타낸다는 사실에 대해 확신을 갖게 되었다. 또한 보겔은 모든 생명체를 둘러싸고 있는 생명력 또는 우주 에너지는 식물도 동물도 인간도 모두가 공유하는 것이라고 결론지었다. 일체감을 느끼는 사람에게는 식물도 반응을 보여준다는 것이다.

우리가 식물을 관상용으로 키울 때도 야채나 과일이라는 이름으로 식용으로 사용할 때도 사실 우리는 그들과 교감을 나누고 있다는 사실을 잊어서는 안 된다. 열린 마음을 가지고 생명체에 대한 에너지를 주고받는다는 생각을 늘 하게 될 때 우리의 몸 속으로 들어온 식물들은 건강한 힘을 우리에게 나눠 줄 것이다. 식물과 감응하는 것은 곧 자연과 감응한다는 것이다. 그들의 에너지를 우리 몸 안으로 들여 또 다른 생명력을 얻으려 할 때 우리에게 필요한 것은 서로가 서로의 존재에게로 스며든다는 공감의 느낌인 것이다. 우리는 자연과 관계를 맺고 살아간다. 자연이 없다면 우리는 아무것도 아니다. 호흡도 생명도 존재할 수 없기 때문이다. 그들은 우리에게 생명과 호흡을 주는 실로 귀중한 존재인 것이다.

보겔은 말한다. 우리가 야채나 과일, 견과류, 그 밖의 무기질과 단백질이 풍부한 식물들을 풍부하게 섭취하고 적절하게 식이요법을 한다면 마음을 열고 서로와 교감하는 데 필요한 에너지를 얻을 수도 있을 것이라고. 즉 높은 수준의 에너지를 발휘하려면 풍부한 영양이 필요하다고. 그리고 그 에너지는 순수한 의식에서 출발하며 풍부한 영양을 얻는다는 것은 사실은 식물들의 의식과 동화되는 것이라고.*

> 나는 여성이 지킬 자리가 반드시 부엌은 아니라고 말하고 싶다. 요리를 좋아한다면 요리의 즐거움을 만끽하라. 하지만 나는 요리를 좋아하는 부류가 아니다. 나는 요리에는 최소한의 시간을 투자하고 나머지 시간에는 밖으로 나가든지 음악이나 책에 몰두하고 싶다.
>
> —헬렌 니어링*

3. 소박한 밥상 - 채식이 좋다

지구별에 도착해 아름다운 삶을 살다간 두 사람이 있다. 이들은 오랜 세월 함께 하면서 사랑과 자비를 실천했다. 남편은 100세가 되자 스스로 단식을 함으로써 지구별과 조용히 작별했다. 그의 아내 역시 92세에 지구별을 갑작스럽게 떠날 때까지 자연 속에서 살면서 우리에게 많은 의미를 선물로 남겨주었다. 그들의 이름은 스콧 니어링과 헬렌 니어링.

[소박한 밥상]은 헬렌 니어링이 독서를 통해 만난 재미있는

글들과 자신의 생각들과 살아온 삶들에 관한 이야기이다. 건강하고 조화로운 음식을 이야기한다. 화려하고 침샘을 자극하는 재료들이 아니라, 정확히 계량된 재료와 분량이 열거되어 있는 것이 아니라 자연과의 조화 속에서 스스로 자연의 일부가 되었던 수많은 사람들이 남긴 지구별 여행 중 먹거리에 관한 흔적이다.

스콧 니어링과 헬렌 니어링은 건강한 노동을 통해 직접 기른 생 야채와 과일, 곡물, 견과류를 위주로 한 채식으로 소식을 실천했던 사람들이다. 그들은 두통을 전혀 모르고 살았고 감기나 몸살이 들면 단식으로 물과 사과즙만을 먹었다. 사흘쯤 지나면 건강이 회복되었으며 감기에 걸리는 것은 몸이 쉬어달라는 신호임을 알고 있었다.

작금의 건강법이나 다이어트에 대한 열풍과 그만큼 번성하는 의학산업과는 멀리 떨어져 있었던 그들의 삶은 건강, 그 자체였다. 자연에 순응하면서 자연과 조화를 이루는 삶. 인간 또한 자연의 일부이므로 자연에 동화되어 사는 것이 지극히 당연하다는 사실을 받아들이는 삶.

헬렌은 '도서관 중독증'에 걸렸다고 스스로 평가할 만큼 도서관을 찾는 일을 즐겼다. 그녀는 책을 읽다가 아름다운 문장을 만나면 그것을 베껴 썼다. 그리고 그것들을 모아 우리들과 함께 나눈다.

1608년의 휴 플래트 경이 말한다.
"오랜 경험을 통해 상당한 분량의 실험 관찰 결과가 나왔다. 살날이 얼마나 남았는지 모르지만 끝이 가까워지고 있음을 알기에, 기꺼운 마음으로 내 냅킨을 펼쳐 어떤 이에게는 이익을, 어떤 이에게는 즐거움을 주기 위해 보잘것없는 나의 재능을 건네주기로 한다."
17세기의 그가 우리에게 자신의 재능을 건네주려고 한다. 활자가 없었다면, 아니 활자로 남겨진 책을 도서관 한 켠에서 발견해내어 우리에게 베껴서 전해주는 헬렌이 없었다면 우리는 지금 그의 이야기를 들을 수 없었을 것이다.

헬렌과 스콧은 잠시 남프랑스의 지중해 해변에서 머물 일이 있었다고 한다. 그들은 세계 각지의 지인들을 식사에 초대했다. 그들에게 내민 요리는 그 지역에서 흔히 나는 야채로 만든 수프와 늘 먹는 푸른 채소를 섞어 샐러드를 만들고 껍질 벗긴 사과와

구운 귀리, 건포도, 꿀, 레몬주스로 만든 디저트 정도였다. 그런데 손님들이 놀라는 것이었다. 탄성을 연발하면서 요리책을 쓰라는 말을 몇 번 들은 헬렌은 고금의 요리책을 살펴보기 위해 도서관으로 향했다. 그녀는 채식주의자였고 건강식을 선호하므로 수퇘지 스튜, 토끼 구이, 사슴고기 파이, 종달새나 공작새 요리, 멧돼지 푸딩 같은 요리는 무시했다. 가금류와 육류, 다진 고기류와 구이 등은 건너뛰었다. 그녀는 파스타, 피자, 튀김, 만두, 도넛, 롤빵, 크래커, 케이크, 쿠키, 파이, 캔디, 젤리는 모른 척 외면했다. 그녀가 원하는 것은 더 소박하고 건강에 좋은 음식이었다.

맛은 혀를 행복하게 하는 음식의 기준이다. 얼마나 맛 좋은 음식이냐가 음식의 척도가 되어서는 안 된다. 얼마나 적절한 영양을 공급할 수 있느냐, 그것이 그녀의 요리책의 목표였다.

헬렌은 요리책도 너무 많고 요리사도 너무 많고 요리도 너무 많다는 사실을 알고 있었다. 그녀가 쓰려고 하는 독특한 책은 진정한 '건강에 관한' 책이었다. 그녀가 제안하고 기술할 식이요법은 영양가 있고 인간의 몸에 무해하고 간소한 음식이었다. 복잡하고 세련된 사람들이 먹는 온갖 동물성 단백질이나 지방이 아닌, 설탕으로 뒤범벅된 음식이 아닌, 소박한 삶을 영위하는 소박한 영혼들을 위한 소박한 음식에 관한 책을 쓰는 것.

그녀는 책의 주제를 이렇게 정했다.

'대충 말고 철저하게 살자.'

'부드럽게 말고 단단하게 먹자.'

'음식에서도 생활에서도 견고함을 추구하자.'

겉멋으로 가득 차 있으나 결국엔 인간의 몸을 소비하고 소모시키고 질병으로 인도할 그런 음식 말고, '뭘 해 먹을까'를 걱정하거나 호사스러운 요리 준비가 아닌, 육신에 건강한 영양을 공급하기 위해 식사할 뿐, 미식에 빠지지 않는 검소하고 절제된 사람들을 위한 요리책.

그녀는 말한다. 일반적으로 요리책은 과식이 습관이 된 사람들, 시들해진 입맛을 자극하기 위해 미각을 우선하는 사람들, 과하게 조리된 음식을 좋아하는 사람들을 위해 쓰여진다고.

그녀가 베낀 글 중 1838년의 윌리엄은 이렇게 말했다.

"어떤 음식이든 씹는 기관인 치아를 최대한 사용하도록 조리되어야 한다. 하지만 조리라는 것에 드는 공력의 3/4은 치아의 사용을 막기 위해 행해지지 않던가."

과식하면 병이 나거나 비만해진다. 비만은 곧 질병에 걸리는 커다란 입구이다. 배가 고프지 않으면 굳이 일부러 먹을 필요가 없다. 위는 공복을 반드시 필요로 한다. 공복과 만복의 적절한 시차가 인간의 몸을 건강하게 만드는 것이다. 배가 고플 때까지 기다렸다가 자극적인 양념을 넣지 않고도 음식을 맛있게 먹는 습관.

1600년에도 이미 이런 문장이 쓰이고 있었다.
"인간은 제 이로 제 무덤을 파서, 적의 무기보다 더 무서운 그 무기로 인해 죽는다."
1545년의 엘리어트 경은 이렇게 말한다.
"위가 감당할 수 없을 정도로 식욕이 강한 사람은 불행하다."

헬렌은 말한다. 음식은 몸의 연료이다. 소화하기 쉬운 적당량의 음식을 몸에 공급해야 한다. 철철 넘치게 공급하면 엔진이 제대로 작동하지 않을 것이다.
그녀는 요리책을 쓰라는 프랑스 친구들에게 이렇게 말했다.
"나는 요리사가 아니에요. 요리를 좋아하지도 않아요. 그냥 필요할 때만 음식을 만들죠. 그것도 동물 시체는 쓰지 않는다는 점을 잊지 마세요, 나는 날 때부터 채식을 했어요. 도축한 고기는 음식을 만들기는 고사하고 막대기로 건들지도 않을 거에요."

그녀는 늘 무언가를 먹기 직전에 식품실이나 지하실, 정원에 있는 재료를 이용해서 손이 움직이는 대로 그 자리에서 대충 만들어 먹었다. 영양이 풍부한 음식일 뿐 기교 있게 꾸며내느라 시간을 낭비하지 않는 음식을 만드는 것이다.

헬렌과 스콧은 많은 손님들의 방문을 받아야 했다. 그럴 때마다 그녀는 20분 정도만 지나면 함께 앉아 식사할 수 있도록 식탁을 준비했다. 수프에 물과 토마토, 양파, 파슬리를 넣는다. 메밀가루를 넣어 5분 간 조리한다. 샐러드를 먹으려면 셀러리 몇 대와 피망 몇 개, 양상추를 잘라 넣는다. 지하실에서 디저트용 사과나 사과 소스를 내온다. 화려한 식탁은 아니지만 모두 배불리 먹을 수 있다. 아무도 허기질 필요가 없다. 헬렌은 요리책에 가능한 한 밭에서 딴 재료를 그대로 쓰고, 비타민과 효소를 파괴하지 않기 위해 가능한 한 낮은 온도에서 짧게 조리하고, 가능한 한 양념을 치지 않고, 접시나 팬 기구들은 최소한 사용한다는 방침을 적었다. 음식은 소박할수록 좋다. 날것일수록 더 좋다. 섞지 않을수록 좋다. 이런 식으로 먹으면 준비는 간단해지고 조리가 간단해지고 소화가 쉬워지고 영양가는 높아지고 건강에 더 좋고 돈도 많이 절약된다.

헬렌은 여성이 지킬 자리가 반드시 부엌은 아니라고 생각했다. 여성도 어디든 있고 싶은 곳에서 만족스럽게 일해야 한다. 그녀는 요리보다는 좋은 책을 읽거나 쓰기, 좋은 음악을 연주(실제로 그녀는 바이올리니스트였다)하기, 벽 세우기, 정원 가꾸기, 수영, 스케이트, 산책 등 활동적이고 지성적이고 정신을 고양시켜 주는 일을 하고 싶어했다. 음식 만들기는 최소한으로 투자하고 밖으로 나가든지 음악이나 책에 몰두하는 삶을 살자.

필자도 요리를 거의 하지 않는다. 그 시간에 책을 읽고 써야 하기 때문이다. 또한 사람을 살리는 음식은 굽고 튀기는 것이 아니라 있는 그대로 먹는 것이라는 사실을 알아가고 있다. 탄수화물을 과잉 섭취하고 고단백질, 고지방을 다량 섭취함으로써 인간이 얻을 수 있는 것은 질병뿐이라는 사실을 알아가고 있다. 적게 먹어서 질병에 걸리는 것이 아니라 과식함으로써 온갖 질병의 요람이 되어가는 것, 그래서 빠른 속도로 노화되는 것이 인간의 몸이라는 사실을 알아가고 있다. 비타민과 무기질 등 인간의 몸에 필수적인 대부분의 것들이 야채와 과일 속에 포함되어 있다는 사실을 배우고 있다. 한국 사람들의 식탁은 야채가 많다. 이것이 사실은 우리의 건강을 책임지고 있다는 사실을 이제는 안다. 흰 쌀밥은 먹으나마나라는 사실을 안다. 우리는 지금껏 밥이 주식이고 반찬이 부식인 것으로 잘못 알아왔음도 알게 되었다. 반찬을 먹고 나서 마지막으로 약간의 탄수화물을 섭취하는 습관을 들이는 것이 인간의 몸을 건강하게 지키는 방법이라는 사실도 배우고 있다. 이제는 삼시 세끼 밥을 먹지 않는다. 배고플 때 먹는다. 늘 배부른 상태를 유지하는 것은 인류에게도 죄악이라는 사실을 배우고 있다. 간헐적 단식이 위에게 베푸는, 작지만 규모 있는 선물이라는 사실도 배우고 있다.

헬렌은 말한다. 사과 파이보다는 사과 소스나 사과를 날것으로 먹자. 감자를 먹으려면 튀기거나 으깨려고 소란 떨 필요가 없다. 감자를 씻어서 오븐에 넣고 굽는다. 그냥 구워도 좋다. 날 귀리를 한두 컵 정도 그릇에 넣고 기름과 레몬즙, 건포도를 조금 넣으면 눈 깜짝할 새에 씹히는 맛이 좋고 영양도 좋은 음식이 준비된다. 그녀는 30분 이상 걸리는 음식은 만들지 않는다. 굽기, 튀기기를 생략하면 냄비와 팬을 끝없이 닦아야 하는 고역도 줄어든다. 맛보다는 영양이 우선이다. 맛보다는 경제성과 준비의 편리함이 우선이다. 그녀의 식사는 간단하지만 매일의 패턴은 다양하다. 아침에는 과일 또는 과일 주스와 직접 키운 허브를 우린 차를 마신다. 점심 때는 야채 수프에 삶은 곡물, 땅콩버터, 꿀, 사과를 곁들인다. 저녁에는 샐러드와 채소밭에서 따온 야채 요리, 과일을 디저트로 먹는다. 매일 다른 수프를 준비할 수도 있다. 곡물은 기장, 메밀, 귀리, 밀, 호밀이 될 수도 있다. 샐러드 역시 다양하다. 계절에 따른 야채가 얼마나 많은가. 디저트는 과일을 날것으로 먹거나 조리해서 먹는다. 그녀는 가능하면 과일 35%, 야채 50%(1/3은 녹색 채소, 1/3은 황색 채소, 1/3은 수분이 많은 채소), 단백질 10%, 지방 5%를 기준으로 한 식습관을 유지하려는 목표를 가지고 있다.

초절주의로 유명한 두 사람이 만났다. 에머슨이 소로우에게 어떤 음식을 먹느냐고 물었다. 그가 대답했다. "가장 가까이에 있는 것."

소로우는 늘 말했다. 단출하게 먹어라. 욕구를 절제하면 짐이 가벼워질 것이다. 잔치하듯 먹지 말고 금식하듯 먹어라. 20대의 한동안을 월든 숲에서 자신의 오두막을 짓고 살기도 했던 소로우가 말할 만한 적확한 표현들이다.

크리스마스, 추수감사절, 정월 초하루, 부활절 등의 축일이면 미국의 주부들은 녹초가 되도록 일하고 과식한 이들은 배탈로 고생하지만 헬렌 부부는 음식을 먹지 않고 물이나 주스만 마시는 것으로 위장에게 휴식을 준다고 한다. 그들은 어처구니없이 화려한 잔칫상에 항의하는 의미로 금식한다. 과식한 사람들의 '폭식'에 반대하고 소화기 장애를 겪는 사람들과 음식을 준비하는 사람들에게 '연민'을 표하는 의미로 절식한다. 또한 그들은 늘 일주일에 하루는 금식하고 음식을 만들지 않았다. 1년 내내 아침 식사는 조리를 하지 않는 음식을 선택했다. 봄이면 그들은 위장 청소도 할 겸 열흘쯤 사과만 먹었다. 사과를 원하는 만큼, 소화할 수 있을 만큼 먹었다. 그렇게 금식하면 에너지가 고갈되지 않아서 좋다고 그들은 느꼈다.

1892년, 닥터 에메트는 이렇게 말했다.
"과일 식이요법은 곡물과 야채 식이요법보다 양념도 덜 하고 조리도 덜 하고 준비하는 데 힘도 덜 든다… 문명이 발전하면서 생활은 더 복잡해지고, 곡물과 야채에 양념도 더 많이 하고 혼합물도 더 많이 섞게 되었다. 결국 현대 조리법에서 요리사가 제 몫을 다하기 위한 목적은 오로지 고도로 복잡하고 교묘하게 양넘한 요리와 소스를 만들어 내는 능력을 키우는 데 있게 되었다."

헬렌은 자신의 요리책을 읽을 독자들에게 이렇게 말한다.

"독자들이여, 요리를 많이 하지 않는 법을 배우기 위해 이 책을 읽으시길. 식사를, 간단히, 더 간단히, 이루 말할 수 없이, 간단히—빨리, 더 빨리, 이루 말할 수 없이 빨리—준비하자. 그리고 거기서 아낀 시간과 에너지는 시를 쓰고, 음악을 즐기고, 곱게 바느질하는 데 쓰자. 자연과 대화하고, 테니스를 치고 친구를 만나는 데 쓰자. 생활에서 힘들고 지겨운 일은 몰아내자. 요리하기 좋아하는 사람에게는 요리가 힘들고 지루한 일이 아니다. 그렇다면 좋다. 가서 요리의 즐거움을 만끽하면 된다. 하지만 식사 준비가 고역인 사람이라면 그 지겨운 일을 그만두거나 노동량을 줄이자. 그러면서도 잘 먹을 수 있고 자기 일을 즐겁게 할 수 있게 될 것이다."

기원전 220년에 티투스가 말했다.

"배고프지 않을 때도 식욕을 자극하며 먹으라고 부추기는 음식들은 조심해야 한다. 소박하면서도 건강에 좋은 먹을거리가

—야채, 근채류, 올리브, 허브, 치즈, 각종 견과류—있지 않는가? 불을 피우지 않고 즉석에서 먹을 수 있는 음식이 가장 적당하다. 준비하기 쉬운 데다가 이런 음식이야말로 가장 소박하기 때문이다."

1685년의 조지 경은 이렇게 말한다.

"생식은 자연스럽고 쾌적하다. 노고 없이 준비될 수 있고 햇빛에 의해 자체 조리되어 있으므로 자연스럽다. 풍족하게 음식을 낼 수 있으니 모든 목적에 맞아 떨어진다. 생식은 소화하지 못할 만큼 먹도록 식욕을 당기지도 않고 질병도 유발하지도 않는다. 또 힘을 나게 하고 생명을 연장시킨다."

헬렌은 주부의 가사 노동을 반으로 줄이는 방법은 식사의 일부나 전체를 날것으로 먹는 것이라고 말한다. 남국에서는 천연 과일과 견과만 따 먹고도 살 수 있다. 과일과 견과야말로 가장 먹기 쉽고, 가장 훌륭하고, 가장 자연적인 음식이다. 또한 그것은 조리 과정을 거치지 않아 활기에 넘치고 생명과 영양이 충만한 음식이고 식물이 주는 생명력과 인체의 생활력 사이에 틈이 거의 없는 음식이다. 생야채와 생과일 등 가열하지 않은 음식은 가열을 통해 죽어버린 음식보다 풍부한 비타민을 제공한다. 가능한 한 살아 성장하는 상태에서 수확해 즉시 먹어야 한다. 태양, 공기, 토양, 비가 나름의 역할을 해서 우리 인간에게 살아 있는 음식을 제공하는 것이다. 그것들은 햇빛으로 익힌 음식이다.

녹색채소와 더불어 과일과 견과는 인체 기관에 필요한 모든 요소를 제공한다. 날것은 피를 깨끗하게 하고 건강을 유지시킨다. 샐러리와 피망을 조리하면 싱싱한 기운이 빠져버린다. 맛도 형편없이 변한다. 야채들을 불 위에 올리지 마라. 조리하는 것은 음식의 생명력을 파괴한다. 조리한 콩에서는 새싹이 트지 않는다. 열로 인해 효소는 다 파괴되어 버린다. 조리는 파괴이며 죽음이다.

생식 식이요법은 점점 몸을 건강하게 하고 원기 완성하게 한다. 살아 있는 조직으로 구성된 살아 있는 음식이 생식이다.

헬렌은 조리는 개개의 식재료의 진정한 풍미를 망친다고 말한다. 불을 이용해 조리하는 이유가 소화되기 쉽게 하기 위해서라고 하지만 사실은 콩이나 복숭아를 조리해서 먹는 것보다 날것으로 먹는 것이 소화에도 좋고 배설에도 좋다. 감자와 호박처럼 단단한 것은 굽는다. 손님이 오면 콩을 껍질에 든 채로 큰 그릇에 담아 직접 까서 먹게 하기도 한다. 콩이 어리고 연하면 껍질 그대로 먹기도 한다. 여름이면 오이, 무, 달래, 쪽파, 애호박, 방울 토마토를 그릇마다 담아서 그냥 집어먹는다. 가늘게 채를 썬 당근과 샐러리, 피망, 컬리플라워를 그냥 먹는 것도 신선하다. 마구잡이로 섞어 과하게 조리한 음식을 피하고 소박하게 만들기 쉽고 건강에 좋은 날 음식을 좋아하도록 자신을 훈련시켜 보기를 그녀는 우리에게 권한다. 평소 요리해서 먹던 것을 날것으로 먹어보는 것이다. 곡물과 감자까지도.

자연이 준 푸성귀를 대체할 식품은 없다고 그녀는 말한다. 꼭 조리해야겠다면 불 위에서 최단시간 조리한다. 먹는 음식 중 최소한 절반은 날것으로 먹는 것을 목표로 세운다. 매 식사에 반드시 일정 분량 날것을 먹어보자. 이렇게 하면 조리해서 죽었거나 독성이 있는 음식을 먹는 데서 오는 폐해를 중화하는 데 도움이 된다고 한다. 튀기기보다는 끓이고 끓이기보다는 굽고 굽기보다는 찐다. 하지만 결국 가장 좋은 방법은 날로 먹는 것.

헬렌의 친한 의사 친구 셸턴은 수십 년간 건강 센터에서 생식을 제공한 경험을 소책자로 발간했다.
조리의 단점과 생식의 장점에 관한 것이다.

조리의 단점

1. 조리는 우유, 달걀, 육류 등의 단백질을 응고시켜 질기고 소화하기 힘들게 만든다. 영양가가 떨어진다.
2. 조리는 식품의 지방을 변화시켜 소화가 안 되게 하고 일부는 독으로 변질시킨다.
3. 조리하면 식품의 수용성미네랄이 많이 손실된다.
4. 조리는 기본적인 식물의 형태를 파괴한다. 구조가 깨지고 구성을 변화시켜 모든 식품의 기초 영양소에 파괴적인 변화를 일으킨다. 특히 유기 염분을 무기 염분으로 만들고 미네랄 성분을 손실시킨다.
5. 조리는 식품에 든 비타민을 파괴한다.

생식의 장점

1. 생식은 더 많이 씹어야 하므로 치아와 잇몸이 건강해진다.
2. 씹으면 충분한 타액 분비로 소화가 쉬워진다.
3. 오래 씹는 것은 과식을 막아준다.
4. 생식은 뜨거운 음식으로 인한 치아와 위의 손상을 막아준

다.

　5. 생식은 적절한 비율의 영양분이 들어 있다.
　6. 생식은 품질이 떨어지는 일이 없다.
　7. 생식은 상한 음식을 먹을 일이 없다.
　8. 생식은 시간과 음식물과 노동력을 절감시킨다.

　스콧 니어링과 헬렌 니어링의 삶은 소박한 삶이었다. 자연의 일부로서 건강한 삶을 살다가 지구별을 떠났다. 그들은 버몬트에서 19년을, 메인으로 옮겨 27년을 살았다. 그들은 직접 노동하고 땀을 흘려 농작물을 수확했다. 그들은 전국 각지로 순회 강연을 떠날 때에도 생식을 준비해 다녔다. 그들은 노동하고 공부하고 나누는 삶을 살았다. 먹는다는 행위는 생존을 위해 필수적인 과정이다. 먹지 않고 살 수는 없다. 그러나 먹기 위해 사는 것이 아니라 인간답게 그리고 건강하게 사는 것이 우리가 이 지구별에서 행복하게 사는 길일 것이다. 행복이란 과도한 욕망을 내려놓는 일이다. 자연을 정복하는 것이 아니라 자연의 일부로 조화롭게 사는 것이다. 인간의 한 생은 길다면 길고 짧다면 짧다. 사람답게 사는 일, 인간답게 사는 일, 소박한 삶에 있지 않을까.*

> 밭에서 나는 것을 먹으면 맛도 좋고 만족감도 주는 소박한 식사가 되며 또 대단히 편리하다. 음식을 준비하는 노고나 시간도 필요치 않다. 그저 가까이 있는 것을 먹으면 되고, 소화도 쉬우면서 뇌에 손상을 입히지도, 감각 기관을 둔하게 하지도 않는다.
>
> —존 이블린*

4. 자연으로 돌아가라

생명은 소중하다. 우리는 인간이라는 종에 속해 있다. 인간은 지적인 능력으로 문화와 문명을 건설해 왔다. 인간의 폭발적인 지적 능력은 기계를 끌어오고 과학을 끌어오고 자본을 끌어왔다. 자본은 우리의 먹거리와 건강을 상품화하기 시작했다. 자본으로 바꿀 수 있는 모든 것을 상품화하는 천민자본주의의 희생양으로 인간의 건강이 담보되고 있다. 건강은 먹거리와 바로 직결된다. 먹거리에 장난치는 인간들도 문제거니와 건강을 담보로 엄청난 자본을 축적하는 현대의학도 이제는 위험수위에 이른 듯 보인다. 그들의 세상을 향한 도덕적 가치는 쓰레기통 속으로 들어가 버렸다. 결과적으로 인간의 존엄성 따위는 폐기되고 있다.

[그들은 어떻게 권력이 되었는가], [병원에 가지 말아야 할 81가지 이유], [의사를 믿지 말아야 할 72가지 이유]의 저자 허현회는 독특한 이력을 갖고 있다.

그는 열네 살 때 교통사고를 당하고 의식불명 상태에서 수술을 받았다. 음식을 목으로 넣기 위해 편도선을 절제하고 호스를 집어넣었다. 이때 집중 투여된 약의 부작용으로 심한 알레르기 비염을 얻었다. 십대 내내 줄곧 빈혈이었다. 20대 초 급성 맹장염으로 충수를 제거했고 B형 간염 보균자가 되었다. 오십견과 방광염도 얻었다. 40대 초 다리가 자꾸 마비되어 병원에 가서 중증 당뇨병 환자가 되었다. 혈당 수치가 300을 오르내리자 약물을 습관적으로 복용하기 시작했다.

결국 간이 망가져 간암 직전까지 갔다. 비염으로 일상생활이 힘들어지자 코 수술도 받았다. 그는 자신을 '종합병원'이라고 칭한다. 매일 비염 치료제와 진통제, 방광염 치료제를 복용했다.

간 치료제, 당뇨병 치료제 등도 복용했고 수술 때마다 엄청난 약을 먹었다.

어느 날 그는 질문을 하기 시작했다.

"왜 나는 이렇게 많은 질병을 앓아야 하지?"

그는 자신의 질문에 대한 답을 찾기 시작했다. 의학 서적과 논문들, 의학 관련 기사들을 찾아 공부하기 시작했다. 공부를 통하여 약과 식품첨가제의 엄청난 부작용을 알게 되었고 현대 의학의 실체를 알게 되었다. 그는 곧 약을 버리고 가공식품을 버렸다. 그리고 채식과 과일 위주의 식사를 시작했다. 결과는?

그가 약을 중단하고 본격적인 공부를 시작한 것은 40대 후반. 그는 공부를 통하여 자신의 병을 식·이·요·법으로 해결하기로 결정했다. 약과 가공식품을 피하고 채식과 과일 위주의 식사를 시작했다. 그리고 놀라운 결과를 몸으로 체험했다. 대부분의 증상이 사라진 것이다. 그토록 고통스러웠던 오십견, 방광염, 빈혈이 사라지고 혈당 수치가 정상으로 돌아왔다. 그는 그 과정을 통해 통절하게 깨달았다.

"그 동안 내가 앓아왔던 질병의 원인은 숱한 약들과 변형된 음식들, 특히 가공식품 속에 교묘하게 함유된 합성화학물질의 부작용이었다!"

그는 거대한 탐욕시스템이 되어버린 현대의학을 가감 없이 폭로한다. 그에게 이것은 인간의 생명을 담보로 이루어지는 용서할 수 없는 폭력으로 비춰진다. 그는 의학 논문, 전문 서적, 의학 저널 등 방대한 자료들을 살펴보고, 꼼꼼한 취재와 추적, 철저한 고증을 바탕으로 전문가들의 인정을 받은 의학 전문 배테랑이다. 현대의학은 이제 신흥종교에 가깝다. 이 신흥종교는 사람들의 생명을 담보로 자신들의 탐욕을 채우고 있다. 그는 사실 의사들에게 기댈 부분은 교통사고나 뇌졸중, 심장마비 등의 응급상황뿐이라고 말한다. 응급상황을 벗어나면 신흥종교가 아닌 자연의학으로 돌아가야 진정으로 건강을 지킬 수 있다. 그는 말한다. 현대의학은 왜곡된 유물론을 바탕으로 제약회사라는 대군주의 노예를 자처하여, 약이라는 경전에 미쳐 있다고. 제약회사들은 군주와 같은 존재다. 그들은 수만 년의 임상실험을 통해 안전성과 효능이 입증된 음식, 약초, 침, 뜸 등에 관한 인류의 지혜를 거부하고 잘못된 의학인 환원주의 지식을 종교적인 집단

사고로 굳히며 백신 접종을 당연하고도 일상화된 종교 행사로 이용한다.

일반인들은 왜 현대의학이 세뇌시키는 거짓 정보를 의심 없이 받아들이는 걸까? 주로 텔레비전이나 라디오, 신문 등 인정받는 언론과 미디어를 통해 지식을 습득하기 때문이다.

그러나 아는가?

우리에게 정보를 전달하는 언론조차도 거대 광고주인 제약회사의 검열을 통과해야만 한다는 사실을.

그들은 말한다. "효능이 좋은 약도 부작용이 있을 수 있다. 그러나 그 부작용은 다른 '약'을 복용함으로써 극복할 수 있다."

약의 부작용을 다른 약이 잡고 다른 약의 부작용은 또 다른 약이 잡는다. 뱀이 자신의 입으로 꼬리를 물고 있는 형국이다. 이해되는가?

그는 현대의학 신봉자들인 주류 의사들을 '무지와 탐욕에 젖어 시민을 상대로 마약 장사를 하며 부를 축적해가는 사람들'로 지칭한다. 주류 의사들과 언론의 선전으로 현대의학은 일반인들에게 '통념'으로 자리잡았다. 계절이 바뀔 즈음 감기 예방접종을 받지 않으면 불안해 하는 사람들로 넘쳐난다. 감기는 온갖 바이러스가 있어 예방접종을 받는다 하더라도 모든 바이러스를 동시에 잡는 것은 불가능하다. 그러나 이제 사람들은 예방접종을 받지 않으면 스스로 불안해하는 지경에 이르렀다. 건강은 외부로부터 오는 것이 아님에도 그 사실을 아는 이는 이제 거의 없다.

경제학자인 갤브레이스는 통념을 이렇게 정의했다.
"통념은 간단하고 쉽고 안락하고 편리한 경우에 만들어진다. 그것이 굳이 진·실·일·필·요·는·없·다."

그에게 통념이 위험하게 느껴지는 이유는 바로 이 때문이다. 몸에 관한 숱한 거짓말들이 통념으로 굳어져 대중에 의해 거대한 파도를 타버리면 그것의 진실 여부는 더 이상 중요하지 않게 되니까. 이러한 통념은 지속적으로 조작되는 또 다른 통념들과 합쳐져 스펀지에 물이 스미듯 세뇌되고 흡수된다. 따라서 진실을 마주보고서도 그것을 가볍게 외면하고 마는 것이다.

그의 책을 읽은 모 대학 의대 교수가 메일을 보내 왔다.
"허 작가의 글의 모순점을 지적하기 위해 허작가의 책을 모두 읽고 여러 자료를 수집하다가 결국 그 지적과 대안이 옳다는 결론에 이르렀다. 용기에 격려를 보낸다."

그는 현대의학이 전체 환자의 95퍼센트를 차지하는 온갖 만성질병에 대해서는 속수무책임을 지적한다. 결국 우리의 건강을 지키는 가장 지혜로운 방법은 미디어와 언론에 의해 조작된 정보를 제대로 파악하는 것이고 다음으로는 인간이 자연의 일부라는 사실을 깨닫는 것, 따라서 면역력과 음식을 이용한 자연치료가 진정한 치유라는 사실을 깨닫는 것이다.

그는 과학과 산업이 식량문제를 해결하기 위해 생태계에 석유를 들이부었다고 지적한다. 논밭을 정리하고 그곳에 비료, 살충제, 제초제 등을 쏟아 부음으로써 생태계의 교란을 불러 일으키고 이제는 다른 생물들이 살지 못하는 불모의 땅에서 수확된 작물들이 인간의 입으로 들어가 온갖 질병을 불러 일으킨다. 맛과 모양만을 먹거리의 기준으로 삼다 보니 영양소는 거의 없는 빈 껍데기만 먹게 되는 이상한 상황에 처하게 되었다. 이렇게 부족한 영양소와 조화를 잃은 음식으로 인해 사람들은 온갖 만·성·질·병·으로 고통을 겪게 되었다. 그에 대한 대안으로는 또 다른 화학보충제를 사람들에게 들이미는 악순환이 계속되고 있는 것. 이제 사람들의 몸은 합성화학물질로 범벅이 되고 있다. 즉 인류의 몸은 독성 쓰레기통이 되어가고 있다.

그는 딸기와 딸기 우유를 비교해준다. 딸기는 항산화제인 비타민C가 풍부하다. 딸기는 소염과 진통작용을 하는 메타살리실산이 있어 약재로도 사용한다. 고혈압, 당뇨병, 비만, 심혈관질환 등 성인병을 예방하고 시력도 향상시킨다. 사실 이런 효과는 딸기뿐만 아니라 조금씩 차이는 있어도 모든 야채, 과일 등 천연음식의 작용이기도 하다. 다만 모든 야채와 과일은 제·철·에·나·는·음식이어야 한다.

현대 첨단과학은 자연의 모든 물질의 '성분'과 '분자구조'를 분석한다. 바로 이점이 문제가 되는 이유는 분석하고 분리한 이것을 몬산토, 듀퐁, 지보단 같은 화학회사들이 첨단기기와 '석유'를 이용해 지구상에 존재하는 모든 색깔, 냄새, 맛 등을 '합·성·화·학·물·질'로 유사하게 만들어낸다는 데 있다. 천연의 야채, 과일, 고기, 우유 등은 시간이 흐르면 변질된다. 그러나 합성화학물질은 시간이 흘러도 결코 변질되지 않고 그대로 인간의 체내에 들어가 온갖 질병의 원인을 제공한다.

학생들이 자주 마시는 딸기 우유에는 손톱만큼의 딸기도 들어가 있지 않다고 그는 지적한다. 그것은 석유에서 추출해내는 합성화학물질인 벤즈알데하이드라는 '첨가제' 등으로 딸기 색깔, 냄새, 맛을 교묘하게 그대로 재·현·해 냈을 뿐이다. 종이 만들 때 폐기물로 생성되는 바닐린이라는 합성화학물질은 바닐라 난초에서 나오는 향과 비슷하고, 아미노산 L—시스테인이라는 합성화학물질은 닭고기 육수의 감칠맛을 흉내 내는 가짜에 불과하다. 식품회사가 천연 첨가제를 쓰지 않고 합성첨가제를 쓰는 이유는 간단하다. 천연은 비싸고 부패하기 쉽지만, 합성은 부패하지 않아 걱정할 필요가 없이 유통기한을 늘일 수 있으며 가격도 10분의 1밖에 되지 않기 때문이다.

커피용 크림은 어떨까? 여기에도 우유나 크림은 단 한 방울도 들어 있지 않다. 옥수수나 야자에서 나온 식물성 유지와 전분에다가 방부제, 유화제, 용해제, 끈적끈적한 느낌의 첨가제인 증점제, 착색제 등 식품첨가물을 혼합, 기름때를 녹이는 양잿물로 세제의 주원료인 카제인나트륨 등의 용해제를 넣어 커피용 크림을 만든다. 또 하얀 우유의 느낌을 살리기 위해 표백제를 첨가한 것. 커피용 크림은 액화 마가린인데 이 마가린은 수천만 명에게 심장마비, 고혈압을 유발, 결국 사망에 이르게 하는 합성화학 물질이다.

그렇다면 과일 주스는 어떨까? 대부분의 과일 주스도 과일은 거의 들어 있지 않고 맛, 향, 색상을 합성한 화학물질이다. 오렌지주스나 포도주스가 아니라 사실은 독성물질을 마시는 것이다. 청량음료, 껌, 사탕, 과자 속에 들어가는 합성 포도향은 메틸에스테르다. 제약회사와 식품회사는 거대한 양의 약과 가공식품을 만들어내고 있다. 이 모든 제품들은 소비자들에게 대량 소비되고 있다. 결국 병 주고 약 주는 시스템이 '일사분란하게' 운용되고 있는 것이다. 화학물질로 만든 먹거리들이 대량 유통될 수 있는 것은 그것을 대량 소비하는 소비자층이 두텁기 때문에 가능한 일이다. 말하자면 눈 멀고 귀 멀어 아무리 설명해줘도 이해하려 하지 않는 소비자인 '우리들'이 거대기업을 양산하고 있는지도 모른다.

중요한 사실은 '석유'에서 추출해내는 물질의 분자구조를 변형시켜 딸기 맛을 그대로 재현할 수 있을지는 몰라도 그것은 아무런 영양소도 미네랄도 없다. 해가 없다면 영양소도 없고 미네랄이 없다고 해도 괜찮을지도 모른다. 다이어트용으로 섭취할 수도 있을 테니.

그러나 문제는 그리 간단하지 않다. 분자 구조가 변형된 합성화학물질은 인체 내에서 독으로 작용한다. 그리고 서서히 내 몸을 죽이기 시작한다. 갑자기 병에 걸리는 일은 없다. 어제 오늘 조금씩 먹었던 항생제, 성장 호르몬, 방부제 등이 나를 죽음으로 몰아간다. 우리는 그것을 암이라거나 고혈압이라거나 당뇨라거나 고지혈증이라거나 온갖 이름을 붙여 질병과 발병의 '원인'을 분리시킨다. 즉 병에 걸린 것은 맞는데 왜 병에 걸리게 되었는지는 묻지도 따지지도 않는다.

딸기 우유를 만들려고 코치닐 색소를 사용하기도 하는데 이것은 석유 폐·기·물·인 타르의 분자구조를 변형시켜 만든 합성화학물질이다. 이 코치닐은 장에 염증을 일으키고 알레르기, 과민성쇼크를 불러 일으키거나 유전자를 변형시키기도 한다.

한 가지 가공식품에 수십 가지 첨가물이 들어간다. 맛을 내는 것, 향을 내는 것, 색을 내는 것, 촉감을 내는 것, 그 외에 방부제, 보존제, 용해제 등. 딸기우유 속 벤즈알데하이드가 일일 섭취허용량을 넘지 않은 적은 양이므로 괜찮다고 말하는 건 어불성설이다. 성장호르몬, 항생제, 각종 농약, 각종 식품첨가제 등 수십 가지가 '첨가' 되면 그 양은 일일 섭취허용량을 훌쩍 뛰어넘어 뇌 손상·간 손상·척수 손상 등 치명적인 부작용으로 이어진다. 그는 중요한 것은 우리가 하루에 딸기 우유 한 가지만 먹는 게 아니라고 지적한다. 빵, 피자, 주스, 아이스크림, 라면 등 주로 입에 달고 사는 이 음식들을 합한다면 우리가 하루 섭취하는 '합성화학물질'은 상상을 초월한다. 또한 합성화학물질은 지방층에 축적되어 쉽게 배출되지 않는 특성을 지닌다. 이런 음식을 몇 년씩 꾸준하게 먹고 있는 우리는?

식품의 색깔을 선명하게 하려고 치명적인 중금속인 수은과 납이 첨가된다. 아세트산구리로 색깔을 변형시킬 수도 있다. 아이스크림, 케이크, 우유, 사탕 등을 하얗고 먹음직스럽게 만드는 화학물질은 이산화티탄. 이것은 내열성 합금과 자성 합금 제조에 쓰이는데 자외선차단제, 페인트, 치아미백제로 사용하는 공·업·용 원료다.

합성화학물질이 인간의 건강을 해친다는 사실은 상식적으로 생각하더라도 당연하지 않을까? 의사들이나 과학자들이 안전하다고 말하면 합성화학물질은 인간의 체내에 들어가도 안전한 걸까?

이산화티탄이나 벤즈알데하이드는 암을 일으키고 카르민산은 천식을 유발한다. 천연에 존재하는 물질이라도 이를 자연에서 추출한 것이 아니라 석유에서 추출해내 물질의 분자구조를 바꾼 뒤 합성해내는 것은 독이다. 자연의 물질에서 추출한다 하더라도 특·정·성·분·만·을 추출하면 그것 역시 합성화학물질과 다름없이 독이다. 단지 하나의 성분이 아니라 그 천연재료 속에 들어 있는 수많은 성분들의 상·호·작·용·이 신체에 유익한 작용을 하는 것이다. 천연의 성분을 섭취하는 것은 '약'이 되지만 별도의 화학처리로 추출해낸 모든 것은 발암물질이다.

가공되지 않은 야채나 과일은 비록 살충제 성분이 들어 있더라도 적극 권하겠다고 그는 말한다. 약과 가공식품의 무시무시한 위험성과는 비교조차도 할 수 없기 때문이다.

같은 논리로 종합 비타민과 합성 미네랄 역시 독이다. 현재 제약회사는 비타민B_{12}를 제외한 모든 종류의 비타민을 합성해낸다고 한다. 그러나 합성비타민을 과다 섭취하면 간 기능 악화, 유전자 변이, 동맥경화, 기형아출산 위험이 높아지고 암, 골다공증, 신장질환, 심장병 등 치명적인 질병을 증가시킨다.

미국 국립 암연구소가 남성 30만 명을 5년 간 연구했다. 지용성 비타민 류와 일주일에 7가지 종합비타민제를 복용할 때 전립선암 발병률이 30% 높아진다는 사실을 밝혀냈다. 지용성 비타민 과잉섭취는 사망위험을 높인다는 결과에 도달한 연구도 있다.

천연 비타민은 과잉 섭취하면 쉽게 배설되지만 합성 비타민은 그렇지 못해 간 독성이나 출혈 등의 부작용이 있을 수도 있다. 또한 합성 비타민은 지방층에 축적, 배출에도 약 3개월이 소요되었다. 약과 가공식품을 피하라. 그것은 지뢰를 밟는 것과 다를 바 없다. 채식과 과일 위주의 식단으로 전환하라.

미국의 영양학자인 콜린 캠벨은 간암의 주요 원인이 동물성 단백질임을 밝혀냈다. 필리핀에서 어린이 간암 환자가 많이 발생하자 역학 조사를 실시했더니 동물성 단백질을 많이 섭취하는 부유한 집안 어린이들에게서 두드러진 현상으로 나타났다.

실험실 안에 있던 모든 쥐에게 콩이나 옥수수 등 곡류가 부패할 때 생기는 독소인 아플라톡신을 투여한 후 20%의 동물성 단백질 먹이를 먹인 그룹은 100% 간암이 발생했고, 5%의 동물성 단백질 그룹에서는 단 한 마리도 간암이 발생하지 않았다고 한다. 육류에는 채소나 과일보다 항산화제가 적게 들어 있다.

췌장에는 '키모트립신' 효소가 있다. 이 효소는 단백질을 분해하고 암세포를 파괴한다. 인체에 단백질이 많이 흡수되면? 키모트립신이 단백질을 분해하느라 암세포를 제대로 파괴할 수 없게 된다. 반대로 채식 위주의 식단은 키모트립신이 단백질 분해가 아닌 암세포를 파괴하는데 동원될 수 있는 것이다. 따라서 합성화학물질이 섞이지 않은 자연의 과일과 채소가 최고의 약이다. 음식에는 여전히 과학이 확인조차 못한 수만 가지의 성분이 들어 있어 이들이 서로 '상·호·작·용' 하면서 질병으로부터 우리를 보호해준다.

양파·홍차·사과·버찌 등에는 케르세틴이 들어 있다. 이것은 몸의 혈관, 임파선을 보호하고 암, 당뇨병, 고혈압, 심장병 등 만성질환을 예방한다. 중요한 사실은 단지 케르세틴 성분 하나만을 추출한다고 해서 이런 효능이 지속되는 게 아니다. 각종 비타민, 미네랄, 박테리아 등의 상호작용의 결과인 것이다. 그러므로 늘 잊지 말고 기억하자.

합성화학물질은 독이다.
한 성분만을 추출하는 것은 의미가 없다.
오히려 우리의 건강을 해칠 수 있다.

가공식품 분야에 독보적이었던 미 항공우주국은 1990년대에 가공식품 연구를 포기하고 천연식품으로 연구의 방향을 전환했다고 한다. 그들은 수많은 오류를 통해 가공식품, 특히 특정 성분을 추출한 가공식품은 약이 아니라 독이라는 결론에 도달했다. 이제 그들은 우주여행 때 최대한 많은 양의 천연식품을 우주선에 싣는다고 한다.

그는 건강을 지키기 위한 가장 쉽고도 현명한 방법을 제안한다.

"자연으로 돌아가라."

클리블랜드 클리닉의 칼드웰 에셀스틴은 23명의 중증 심장질환 환자들을 대상으로 1985년부터 11년간 식이요법을 실시했다. 이들에게는 약물과 가공식품이 금지되었고 과일과 채식 위주의 식사를 제공했다. 그 중 5명은 2년 내에 과일과 채식 위주의 식단을 포기, 다시 약물과 일반 식단으로 돌아갔다. 1명은 약물은 중단, 식이요법은 포기, 11년간 남은 17명은 착실하게 과일과 채식 위주의 식이요법을 실시하고 약과 가공식품 섭취는 없었다. 결과적으로 17명은 2006년 현재까지 모두 건강하게 생존했다. 2년 내에 포기했던 5명은 1995년을 못 넘기고 모두 심장마비로 사망했다. 약물을 중단하고 식이요법을 포기한 1명은 2003년 사망했다.

면역체계가 강한 사람은 새로운 바이러스에도 일정 시간이 지나면 항체를 만들어낼 수 있다. 인체는 종합 예술이므로 질병이란 한 부분만의 고장이라고 볼 수 없다. 반면 인체 면역체계가 정상적으로 회복되면 한 가지 질병이 아니라 모든 질병으로부터 자유롭게 된다. 치료란 증상을 치료하는 게 아니다. 몸 전체의 조화를 유지하며 면역력을 증강시키는 게 맞다. 만성질환은 약과 가공식품의 무분별한 섭취로 인해, 합성화학물질로 인해 면역체계가 무너졌기 때문에 몸 안에 자리잡는 것이다. 통증은 없애라고 있는 것이 아니다. 느끼라고 있는 것이다. 말하자면 통증의 '원인'을 들여다볼 시간이 되었음을 알려주는 자명종과 같다. 통증의 원인을 제거하는 것이 아니라 통증 자체를 없애버리는 수술만큼 위험한 게 없다. 통증은 몸이 우리에게 외치는 비명소리이며 신호다. '현대 의학이 모든 것을 치료해 줄 것이다?' ―거짓말.*

> 태양은 에너지의 근원이다. 따뜻한 태양 광선은 인간의 먹을거리를 익히고 조리해 준다. 천천히 투사되는 광선이 과일에 색을 주고, 견과를 익게 하고, 야채의 잎사귀에 색조를 띠게 한다. 이런 것들은 그 자리에서 제공될 수 있게 준비된다. 인공적인 방식으로 조리하는 것은 음식의 값어치를 떨어뜨리는 경향이 있다.
> −제임스 포크너*

5. 통찰의 밥: 통찰#에 대하여

세상은 서구적 가치관이 지배하는 사회이다. 우리나라도 예외는 아니다. 동양적 생활방식과 음식 문화를 도외시하고 서구화의 바람을 타고 카페가 동네마다 우후죽순 생겨나며 병원과 음식점이 즐비한 공간에서 우리는 지금 살고 있다. 잘 들여다보면 인간의 입으로 들어가는 먹거리에서 출발하여 먹거리로 인한 질병을 얻어 병원에 안착하기까지의 길거나 짧은 동선이 머리 속에 자연스럽게 그려진다.

생명은 자연이다. 자연의 일부이며 자연의 전부이기도 하다. 생명을 다루는 사고방식이 기존의 방식에서 서양의 방식으로 바뀌면서 우리의 삶은 급변하는 속도에 미처 따라가지 못하는 듯 보인다. 맹목이란 눈이 멀었다는 뜻이다. 눈이 멀면 사물을 제대로 파악할 수 없다. 눈이 머는 방법도 매우 다양하다. 우리는 목하 매스컴에 의하여 눈이 멀고 혀가 행복해 하는 음식에 의하여 눈이 멀고 잘못된 생활방식에 의하여 눈이 먼다. 교육을 받으면서 체계적으로 눈이 멀고 습관에 의하여 눈이 먼다. 공부를 게을리해서 눈이 멀고 알지 못해서 눈이 먼다. 눈이 멀면 사람은 편견과 선입견 덩어리가 된다. 특히 음식에 관한 편견은 시간이 지날수록 사고방식이나 가치관과 다를 바 없이 강화되게 되어 있다.

몸을 사유해야 할 시간이다. 음식은 몸을 건강하게 유지하기 위하여 우리에게 필수적인 요소일 것이다. 몸이 맑으면 마음이 맑아진다. 마음이 맑지 않다는 것은 몸이 맑지 않다는 것이다. 몸이 맑지 않다는 것은 늘 질병을 끼고 산다는 것이다. 질병이 틈입하는 데는 반드시 이유가 있고 원인이 있을 것이다. 원인은 결국 음식과 몸을 바라보는 나의 편향된 인식에서 비롯된다. 나의 인식이 깨어 있지 않고 올바르지 않으면 나는 몸이 원하는 음식을 먹는 것이 아니라 혀가 맹렬히 좋아하는 음식으로 기울게 된다. 혀란 논리적이거나 합리적인 존재가 아니다. 혀는 맛에 민감하다. 맛이란 달고 시고 짜고 맵고 쓴 맛을 느끼는 일종의 '감정'이다.

[마음밥]에는 이런 구절이 있다.
"같은 방식의 발화가 계속되면 뇌에 동일한 신경 화학 물질과 동일한 신경 펩티드가 분비된다. 이것은 뇌에서 몸의 각 부분으로 재빨리 전달되고 그러면 동일한 화학물질들이 몸을 물리적으로 다시 바꾼다. 몸은 그것을 '감정'을 통해 더욱 깊이 기억하도록 훈련된다."
말하자면 맛에 대한 '감각'은 반복된 경험을 통해 곧 한 인간의 '감정'의 일부분이 되어 버리고 한 인간의 몸의 구석구석 세포 하나하나에까지 세밀한 영향을 미치게 되어 있는 것이다.

쇼펜하우어는 [의지와 표상으로서의 세계]에서 세계란 의지와 표상으로 이루어져 있다고 말한다. 우리 눈에 드러나 보이는 세계가 의지와 표상으로 이루어져 있다는 말이다. 표상이란 걸으로 드러나는 세계를 말한다. 표상은 사실은 객관적 '의지'를 드러내는 것이라고 그는 말한다. 이것은 무슨 말일까? 내가 살고 있는 세상은 나의 의지가 겉으로 드러나 있는 세계라는 의미이다. 인간은 시간과 공간의 지배를 받으며 또한 반드시 인과율의 지배를 받게 되어 있다. 원인이 있기 때문에 결과가 있는 것이다. 세상은 시간과 공간 속에서 인과율의 근거에 의하여 만들어지고 운용되고 계속되는 것이다.

작금 21세기는 질병의 세기인 것처럼 보인다. 너나 나나 할 것 없이 작고 소소한 질병들을 몸에 장식처럼 줄줄이 달고 다닌다. 가끔은 두통에 시달리고 가끔은 치통에 시달리고 피부에 염증이 생기고 배가 너무 아파 뒹굴 뒹굴 굴러다닌다. 위에 궤양이 생기거나 귀에 이명이 생기거나 배가 볼록 나오거나 너무 살이 찌거나 소화가 안 되어 더부룩하거나 온갖 종류의 암에 걸려 죽음 직전에 이르기도 한다. 신파드라마를 보면 21세기에도 여전히 주인공은 아프고 병에 걸려서 먼 이국 땅으로 떠나가기도 한다. 아름다운 이야기 속 질병이 끊임없이 등장한다. 이야기 속 주인공들의 겉모양이 아무리 아름답고 애틋해도 먹거리에 대한 노예로 혹은 습관적인 쓰레기음식 선호를 지닌 채 살고 있다면 결국 그는 자신의 삶을 방기한 책임, 무책임하게 자신의 삶을 운용한 것에 대한 최종적인 결과물을 스스로의 어깨에 짊어지고 마지막 책임까지를 져야 맞는 게 아닐까? 그것을 사랑으로 포장하고 애틋함으로 슬픔으로 포장한다. 포장지를 벗겨보자. 그 속에 무엇이 드러날까? 잘못된 식습관 또는 잘못된 인식.

외연이 지나치게 확장된 시대. 먹거리들이 온갖 화려한 외피와 향기를 가지고 사람들을 자극한다. 어려서부터 먹거리의 거대한 영향력에 대해 무지한 부모들의 안일하고 무책임한 먹거리 습관에 의해 '사랑'이라는 이름으로 길들여져 온 아이들은 결국 먹거리의 또 다른 노예로서의 삶을 살게 된다. 소박한 밥상을 부끄럽게 생각하고 온갖 설탕으로 만들어진 음식에 행복해하고 과도하게 많이 먹는다. 위는 쉴 시간이 없고 너무 뜨겁거나 너무 차갑거나 너무 맵거나 '너무' 한 음식들로 끊임없이 위와 장을 혹사시킨다. 이렇게 과중한 노동을 쉬지 않고 하게 되면 지치고 병들 수밖에 없는 건 당연한 수순이다.

에너지를 쏟을 공간도 없는데 하루 세끼를 꼬박꼬박 먹으면서도 운동은 전혀 하지 않는다. 하루 세끼 외에도 끊임없이 간식들이 인간의 몸 속으로 쳐들어온다. 잠자는 동안에도 위와 장은 쉴 틈이 없다. 위와 장을 무리 없이 움직이도록 하기 위해 엄청난 양의 물과 산소가 필요하지만 몸을 제대로 통찰할 시간적, 정신적 여유가 없으므로 온갖 스트레스를 해소하기 위한 유일한 방편으로서 무언가를 쉬지 않고 먹어댄다. 소화불량이나 과식, 식품 첨가물인 온갖 화학물질들은 면역 체계를 교란시키고 내성을 약하게 만든다. 건강이 담보되지 않는 삶을 살 수밖에 없는 시스템을 성실하게 운용한 결과물로서 우리는 결국 온갖 질병의 산실이 되는 것이다.

따라서 내가 지금 몸이 좋지 않다면 그것이 선천적이라는 원인을 제외하고 나머지는 모두 몸뚱이의 주인인 내 탓이다. 내가 만든 결과물로서 나는 건강하거나 아프다. 건강한 몸은 건강한 마음이라는 말이고 자신의 삶에 책임을 진다는 뜻이며 자신의 삶의 주인공이 자신이라는 사실을 깨닫고 있는 사람이라는 뜻이다.

삶의 중심을 나의 몸과 마음에 두고 나의 삶에 둔다면 삶을 운용해가는 책임 또한 온전히 나에게 있음을 인정해야 한다.

1920년 지구별에 도착한 김형석 교수는 "일할 수 있고 타인에게 작은 도움이라도 줄 수 있으려면 건강해야 한다. 하지만 건강은 한 순간에 만들어지는 게 아니다. 80, 90대의 건강은 인생의 황금기라 할 수 있는 60, 70대에 만들어지고 60, 70대의 건강은 50대부터 쌓여서 결정되는 것이다."라고 지적한다.

말하자면 건강은 한 순간의 결정이나 결심에 의한 것이 아니라 규칙적이고 의식적인, 꾸준한 노력이 있어야만 도달할 수 있는 저 높은 곳에 존재하는 어떤 것이다. 인간은 한 번에 한 생을 산다. 한 번 태어나 여러 몫의 삶을 사는 게 아니라는 말이다. 한 번에 한 생을 살기 위해서는 영혼의 베이스캠프인 '몸'이 반드시 필요하다. 몸은 존재의 근거이며 나라는 한 사람의 정체성을 형성하는 근저인 것이다.

김형석 교수처럼 90이 넘어 100세를 향해 가는 사람에게 건강이란 어떤 의미일까? 그는 지금도 일주일에 두 번 혹은 세 번씩 수영을 한다. 몸이 마음과 손등과 손바닥처럼 붙어 있기 때문에 몸이 아프면 마음이 아프고 마음이 아프면 몸이 아프게 되어 있는 것은 지극히 자연스러운 수순임을 안다. 몸을 위하여 음식을 들여다보고 운동을 하고 그리고 마음을 들여다볼 줄 안다. 그리고 체계적으로 시간과 정성을 들여 계획적이고 의도적으로

'나'를 돌본다. 김형석 교수는 생각할 것이 있으면 앉기보다는 서서 하고, 가능하면 대중교통을 이용하고, 2층인 집에서는 걸어서 계단을 오르락내리락 한다. 몸을 편하게 하는 것은 건강하게 한다는 것이지 게으르게 운용한다는 뜻이 아니다.

먹거리를 들여다 보자. 몸의 유기적 구조를 들여다보자. 우리가 먹는 음식이 몸 안에 들어가 어떻게 운용되는지 하나하나 차근차근 공부해 보자. 몸이 없으면 나는 존재할 수 없기 때문이다. 몸 건강을 위해 감정이 건강해야 한다. 감정이 건강하려면 감정이 풍요로워야 한다. 풍요로운 감정은 풍요로운 감성이 밑바탕이 되어야 한다. 감성이란 그냥 주어지지 않는다. 많이 보고 느끼고 배우고 성찰하는 과정에서만 얻을 수 있는 선물이다. 삶의 진리란 먼 곳에 있는 것이 아니다. 세상에서 무언가 큰 일을 하고 싶다면 먼저 내 몸을 들여다보자. 먼저 내 몸을 건강하게 만들자. 사랑하고 싶다면, 행복하고 싶다면, 꿈을 이루고 싶다면, 걷고 싶다면, 뛰고 싶다면, 손잡고 사랑하는 이의 눈동자를 오래 들여다보고 싶다면, 내 아이가 무럭무럭 자라 성인이 되고 결혼을 하고 아이를 낳는 모습을 보고 싶다면, 그 아이의 아이가 행복하게 자라는 모습을 보고 싶다면, 인생을 2막, 3막 신나게 살고 싶다면 먼저 몸을 들여다보라. 몸을 들여다 보려면 먼저 내 입 속으로 들어가는 음식을 들여다보라. 음식에 대한 성찰 없이 우리는 단 하루도 건강하게 살 수 없다. 그것은 사소하지만 가장 귀중한 진리이다. 통찰의 순간은 오직 나의 시선이 귀한 삶에 방점이 찍혔을 때만 가능하다.*

#02

각성

06 아파야 산다 · 113

07 영양실조에 걸린 당신의 뇌 · 130

08 뇌와 장과 장내미생물은 연결되어 있다 · 148

09 물, 자연이 주는 최상의 묘약 · 166

10 각성의 밥: 각성#에 대하여 · 183

#2 · 각성

마음을 살찌우는 '몸밥'

> 식욕도 소화력도 왕성한 사람이 아침에 금식하면 배불리 먹을 때보다 생각이 빨라지고, 판단력이 완벽해지며, 말이 술술 나올 뿐만 아니라 분별력이 또렷해지고 귀가 밝아지며, 기억력이 확실해지고, 모든 힘과 재치에서 더 능률적이고 나은 상태가 된다는 사실을 현명한 사람이라면 이해할 것이다.
>
> —토머스 엘리어트 경*

6. 아파야 산다

샤론 모알렘은 "우리 몸의 유전자는 부모로부터 시작해 태초까지 거슬러 올라가는 과거 모든 생명체가 진화하면서 남긴 유산이다. 그들에게 닥친 온갖 역병, 포식자, 기생충, 지구상의 격변을 이겨낸 조상의 무용담이 유전자 코드 어딘가에 남겨져 있다"고 말한다. 그녀는 인체생리학자이며 신경유전학을 공부했고 진화의학 박사 학위를 가지고 있는 의학 사상가이다.

그녀는 끊임없이 스스로에게 질문을 던진다. 인간은 왜 아플까? 왜 어떤 사람은 끔찍한 병에 걸릴까, 인류를 괴롭히는 수많은 유전병, 당뇨병, 빈혈, 낭포성섬유증 등은 왜 생겼을까?

그녀가 열다섯 살이었을 때 일흔한 살의 할아버지가 알츠하이머병에 걸렸다. 그녀는 갑작스런 할아버지의 돌변을 이해할 수 없었다. 이런 일이 도대체 왜 일어나는 것일까?

할아버지는 줄곧 헌혈을 해오셨다. 헌혈을 하면 기분도 좋아지고 몸도 가뿐해진다고 했다. 피를 뽑는데 왜 기분이 좋아지는 걸까? 어린 그녀는 의학 도서관에 갔다. 그곳에서 철분에 관한 책을 뒤지기 시작했다. 그리고 그녀는 답을 찾아냈다. '혈색소 침착증'이라는 유전병.

혈색증이라는 이 병은 몸 속에 철분이 쌓이고 쌓인다. 밖으로 배출이 안 되는 것이다. 그렇게 쌓이다 보면 결국 췌장이나 간 등의 내장을 해치는 수준에 이른다. 철분이 과적되어 과잉 철분이 피부에 침착되는데 헌혈을 하게 되면 체내 철분도를 낮추는 게 가능했던 것.

열다섯 살 소녀는 할아버지의 알츠하이머병을 보면서 그 병과 혈색증이 서로 관계가 있을 거라고 추측했다. 그녀는 혈색증이 다른 장기를 손상시킨다면 뇌가 손상되지 말란 법도 없지 않겠는가라는 질문에 도달했다. 이후 대학에 들어가 생물학을 전공했다. 거기에서 알츠하이머병과 혈색증의 관계 연구를 계속했고 열다섯 살 때 제기한 의문의 답을 결국 찾아냈다.

그녀는 열여덟 살쯤 되었을 때 몸이 쑤시기 시작했다. 할아버지처럼 혈색증 유전이었다. 그녀는 생각했다. '이것은 나에게 무엇을 의미할까? 왜 내가 이 병에 걸렸을까? 왜 해를 끼칠 개연성이 높은 유전자를 물려받은 사람들이 많을까? 사람의 진화 과정 중에 왜 이런 열성 유전자가 살아남았을까?'

생명체의 얼키고 설킨 상관관계에 질문을 던지기. 그녀는 자신과 우리에게 바란다. 우리가 살고 있는 이 놀라운 세계에서 뭇 생명체들이 얼마나 아름답고 다양한지, 서로가 얼마나 긴밀하게 연결되어 있는지 공부해보기를 바란다. 질병이 생기는 데는 반드시 이유가 있다. 왜 질병과 감염이 생기는 것일까?

샤론은 이러한 질문을 통해 우리가 건강하게 오래 살 기회를 얻기를 바란다. 일반적으로 진화는 우리가 생존, 번식하는 데 유리한 유전형질을 좋아한다. 따라서 우리를 허약하게 하고 건강에 위협이 되는 형질을 좋아하지 않는다. 이를 '자연선택'이라고 한다. 한 생명체가 환경에 적응해 생존 확률이 높은 형질을 만들어 내는 유전자가 살아남아 대를 이어가는 것을 가능하게 한다. 그런 측면에서 유전병은 비논리적이다.

경이로운 생명체들을 접하기 전에, 그래서 동식물의 진화에 대해 공부하기 전에 샤론은 우리가 먼저 이러저러한 편견들을 버리기를 바란다.

첫째, 우리는 혼자가 아니다. 우리는 수많은 박테리아, 벌레, 균류 등 수천 가지 생명체와 함께 살고 있고 일부는 우리 몸 속에 있다. 소화기관 만해도 음식물의 소화를 돕는 수백만 마리의 박테리아로 가득 차 있다.

둘째, 진화는 스스로 일어나는 것이 아니다. 생존과 번식을 목표로 서로 영향을 주고 받는다.

셋째, 돌연변이가 꼭 나쁜 것만은 아니다. 돌연변이는 단순한 변화이며 자연선택에 의하여 살아남을지 사라질지가 결정된다.

넷째, DNA는 운명이 아니라 지나간 역사이다. 그녀는 우리 삶이 유전암호에 의해 결정되는 것이 아니라, 각자의 부모, 환경, 선택에 따라 '좌우' 된다고 본다.

세계보건기구WHO가 조사한 결과 전 세계 당뇨병 환자는 1억 7,100만명으로 추정하며 2030년이면 두 배를 예상한다고 한다. 당뇨병은 이제 전 세계에서 가·장·흔·한 질병 중 하나이며 하루가 다르게 당뇨병 환자가 생기는 실정이다.

왜일까?

결과가 있다면 반드시 원인을 짚어봐야 한다. 당뇨병은 신체와 설탕, 특히 포도당이라는 혈당과의 '관계'로 설명할 수 있다고 그녀는 말한다. 탄수화물이 분해될 때 포도당이 생성된다. 인간에게는 반드시 필요하다.

1 뇌에 연료를 공급한다.
2 단백질을 만드는데 필수다.
3 필요할 때 에너지를 만드는 재료로 쓰인다.

포도당은 췌장의 인슐린의 도움으로 간, 근육, 지방세포에 '저장' 되어 있다가 필요할 때 연료로 쓰인다. 당뇨병은 diabetes mellitus라는 학명을 가지고 있으며 이는 '벌꿀 속으로 지나간다' 는 뜻이다. 당분이 많은 소변이 당뇨병의 첫 신호라고 한다. 당뇨병 환자들은 포도당을 제 때에 쓸 수 있도록 인슐린이 충분히 작동하지 않아 혈당이 위험 수치까지 치솟는다. 방치하면 급속한 탈수증, 혼수상태에 이어 죽을 수도 있다. 당뇨병은 시간이 흐르면서 시력을 빼앗아가고 심장병, 발작 등을 불러 일으킨다.

제1형 당뇨병은 자가 면역질환의 일종으로 본다. 몸의 선천적 방어체계가 일부 세포를 침입자로 착각, 파괴하는 질환이다. 이때 체내 아군 사격의 희생자가 되는 세포가 췌장 내에서 인슐린의 생성을 담당하는 세포다. 환자는 매일 인슐린을 투약해야 하고 혈당 수치를 면밀히 관찰하고 엄격히 제한된 식단과 운동을 반드시 병행해야 한다.

제2형 당뇨병은 췌장에서 인슐린이 만들어지거나 높은 수치로 유지되기도 하지만 결국 인슐린 생산량이 너무 낮거나 혈당이 제대로 흡수·변환되지 못한다고 한다. 따라서 약물 투여, 신중한 식단, 운동, 감량, 혈당 관찰 등의 방법이 다양하게 요구된다.

그렇다면 당뇨병의 원인은 무엇일까?

샤론은 유전 요인, 감염, 식습관, 환경 요인 등이 서로 복잡하게 얽혀 있다고 본다. 물론 유전 요인이 다른 요인을 자극하는 기제로 사용될 여지가 높다. 제1형 당뇨병은 바이러스나 환경 요인이 높고 제2형 당뇨병은 나쁜 식습관·운동 부족·비만으로 자초되는 경우가 많다고 과학자들은 밝히고 있다. 제2형 당뇨병의 84%가 비만이다. 선진국형 질병이다. 질량만 높고 영양가는 없는 불·량·식·품·을 쉽게 섭취할 수 있어서다.

당뇨병 때문에 혈액에 쌓이는 당분은 제때에 사용될 수 없어 거의 쓸모가 없고 이것의 배출구도 없다. 때문에 중증 당뇨병 환자는 체내에 인슐린이 충분하지 않으면 아무리 많이 먹어도 배가 고프게 되는 것이다.

샤론은 인간의 진화 과정 중 자연선택은 특정 식물이나 동물을 '개선'하는 작용을 선호하는 게 아니라, 현재 환경에서 어떡하든 생존 가능성을 높이려는 목적을 가지고 움직인다고 주장한다. 그러므로 빙하기 환경에서 추위를 견뎌낼 수 있도록 극지방의 사람들은 갈색지방을 만들 수 있었고 이들에게 한시적 당뇨병이 생김으로써 혈당이 공급되는 한 계속해서 열을 발생시킬 수 있었으리라고 설명한다.

만물은 서로 긴밀하게 연결되어 있다. 인간은 사는 장소와 기후에 따라 유전자를 적응시켜왔다. 샤론은 인간이 수백만 년에 걸쳐 진화한 것처럼 전염병들도 인간과 함께 진화해 왔다고 설명한다. 따라서 인간 중심으로 해롭다, 나쁘다 라는 편견을 버리기를 바란다. 인간 중심이 아니라 생물체 중심, 말하자면 생존과 번식이라는 두 가지 기본 명령을 따르는 생명체 중심의 사고로 지평을 넓혀보라고 제안한다. 인간은 수많은 생물들 특히 인체 내의 미생물과 더불어 진화해왔으며 서로 도움을 주고받는 존재였음을 상기시킨다. 오늘날 인간의 몸의 기능은 수백만 년 동안 감염인자와 주고받은 상호작용과 직접 연관되어 있다. 감각에서 외모, 혈액의 화학작용에 이르기까지 인간의 모든 것은 진화 반응에 의해 형성되어온 것이다.

성인 몸에는 포유류 세포보다 '외부' 세균 세포가 열 배나 더 많고 이 세균 세포를 다 모으면 세균은 1,000종 이상, 무게는 1.3킬로그램으로 10~100조 개에 이를 것으로 추정한다. 유전물질은 그 숫자가 더 많아 우리 몸에 둥지를 튼 세균이 보유한 유전자를 다 합하면 인간 게놈 유전자보다 100배나 많다고 한다. 이들 세균은 인체의 소화기관에서 매우 중요한 역할을 한다. 이 장내세균들은 인간이 분해할 수 없는 음식을 분해해 에너지를 생성하는 데 도움을 준다. 면역 시스템으로 하여금 유해 세균을 식별·공격하도록 돕고 세포 성장을 촉진하며 유해 박테리아로부터 인체를 보호한다.

항생제라는 '약'을 복용할 때 '소화불량'이 많이 생기는 것은 이 항생제가 몸으로 들어와 유익한 박테리아까지 없애기 때문이라고 한다. 효과가 광범위한 '항생제'로 쓰이는 '약'은 아군·적군·무고한 시민을 가리지 않고 몰살시키는 융단폭격용 전투기에 가깝다. 항생제 복용시 요구르트를 함께 먹으면 요구르트의 박테리아가 장내세균이 정상으로 회복될 때까지 소화를 돕고 보호하는 역할을 한다.

장내세균은 장벽효과barrier effect를 통해 유해 박테리아가 위험한 수준까지 늘어나지 못하게 소화관 자원을 독식한다. 그리고 체내에서 유해한 박테리아가 기반을 못 잡도록 방해한다.

사람들이 대부분 재채기를 증상으로 생각하지만 정상적인 재채기와 감기에 걸렸을 때의 재채기의 의미는 서로 다르다고 샤론은 지적한다. 정상적인 재채기는 침입자를 방어하려는 수단인 반면 감기에 걸렸을 때의 재채기는 감기 바이러스가 주위의 가족·동료·친구들을 감염시켜 새 집으로 옮겨가려는 목적을 가지고 있다.

미국 어린이 중 3분의 1인 2,500만명이 과체중이거나 비만이라고 한다. 지난 30년간 아동 비만율은 급격히 상승해 6~7세는 세 배에 이른다고 한다. 그래서 2000년에 태어난 여아의 제2형 당뇨병 확률은 거의 40%에 달한다. 이는 과체중 아동이 급증한 현상과 일치한다. 최근 조사로 5~10세 비만 아동의 60%가 이미 고콜레스테롤·고혈압·고트리글리세라이드·고당분 수치 등 주요 위험 인자를 가지고 있었다. 기름 범벅 감자튀김을 좋아하고 설탕 덩어리 탄산음료를 손에서 놓지 않고 물처럼 늘 마시며 운동은 거의 하지 않고 TV와 비디오 게임에 몰두하는 아이들. 그리고 놀라운 사실을 하나 더 첨가하자면 부모의 '식습관', 특히 임신 초기 여성의 식습관이 향후 태어날 아이의 신진대사에 영향을 미칠 수밖에 없다는 사실.

햄버거를 입으로 물기 전에 아이의 건강을 먼저 생각해야 하는 것이다.

유전자에 결합된 화학물질은 해당 유전자를 켜거나 끌 수 있는 유전자 스위치 역할을 한다. 우리가 매 끼니마다 먹는 음식 하나하나가, 스트레스를 녹이려고 피우는 담배 한 개비 같은 환경 요인 하나하나가 유전자 스위치를 켜거나 끌 수 있는 것이다.

이른바 후생유전학은 겉보기에 새로운 형질을 부모에게 물려받은 자녀가 그 기반이 되는 DNA는 변함없이 이 형질을 표현하는 현상을 연구하는 학문으로 '명령'은 그대로지만 무언가 '다른 것' 때문에 그 명령이 '무시' 되는 현상을 연구하고 있다.

태아가 건강하려면 예비 엄마가 '영양분'을 골고루 섭취하는 것이 중요하다. 이것은 충분한 영양 상태와 출산 시 정상 체중 등 쉽게 눈에 띄는 특성과 더불어 성장하면서 특정 질병에 걸릴 확률도 낮아지기 때문이다. 이것이 '어떻게' 가능한가를 듀크 대학에서 밝혀냈다. 이 연구를 이끈 랜디 저틀 박사의 말이다.

"산모의 영양 상태에 따라 자식이 병에 걸릴 '확률'이 크게 달라진다는 사실에 대한 인과관계의 고리를 이제야 파악했다. 우리는 엄마에게 제공되는 영양 보충제가 정확히 어떻게 유전자 자체에 변화를 주지 않고도 자신의 유전자 발현을 영구적으로 바꿀 수 있는지 사상 최초로 입증했다."

(이 말을 조금만 바꾸어 보자. 샤론은 [아파야 산다]를 통해 세상에 존재하는 생물들과 조화로운 삶, 상생의 삶을 살자고 제안한다. 인간 중심의 제한된 사고 방식으로 옳고 그름, 좋고 나

쁨을 결정할 수는 없다는 것이다.

　왜냐하면 우리가 살고 있는 지구는 인간만을 위해 존재하고 있는 것은 아니기 때문이다. 또한 인간도 단일 존재로서 존재하는 것이 아니라 서로 긴밀히 연결되어 있음을 우리에게 알려준다. 산모의 영양 상태에 따라 자식이 건강할지 질병을 얻게 될지 긴밀한 영향을 미친다는 사실. 문제는 엄마에게 제공되는 '영양 보충제'라는 표현이 실험을 통하여 드러난 사실이므로 이 책에서는 사용하고 있으나 그렇다면 생각의 방향을 조금 틀어서 '영양 보충제'라는, 화학적으로 추출한 인공의 조악한 보충제를 통해서가 아니라 부족한 영양분을 '음식'을 통해서 섭취하기를 강력히 부탁을 드린다. 듀크 대학 연구자들이 이러한 경고의 말을 남겼음을 우리는 기억해야 한다. "영양 보충제는 오랫동안 유익하다고 여겨졌으나 본 연구결과에 비추어 볼 때 후생유전학적 유전자 조절 확립에 의·도·하·지·않·은·해·악·을 끼칠 수도 있다."

　또한 이 연구의 저자 중 일인인 다나 돌리노이도 이렇게 말했다. "소량일 때는 이로운 것도 대량일 때는 해로울 수 있다. 우리는 매일 의도적으로 또는 무심코 섭취하는 수백 가지 화학물질의 효과를 알·지·못·한·다.")

태아 발달 단계에 발생하는 후생 유전 효과에 의해 자손의 특징이 좌우된다. DNA가 달라지는 대신 DNA가 발현되는 '방식'이 달라진다.

엄마의 경험에 따라 자손의 유전자 발현이 영향을 받는 현상을 전조 적응 반응predictive adaptive response 또는 모계효과라고 한다. 적절한 후생 유전학적 신호를 보내면 아기의 건강, 지능, 적응성을 개선할 수 있는 것이다.

현재 인간 후생유전학은 태아 발달을 중점 연구하고 있다. 임신 후 한동안 엄마가 임신 사실조차 못 느끼더라도 이 기간의 중요성이 매우 크다고 한다. 중요한 유전자가 켜지거나 꺼지는 시기이므로.

많은 미국인들이 주로 먹는 정크푸드, 즉 쓰레기 음식은 칼로리와 지방은 많지만 정작 태아 발달에 중요한 영양소는 부족하다. 임신부가 임신 초기 몇 주 동안 정크푸드 위주로 식사를 하게 되면, 태아는 장차 처할 환경에 충분한 영양소가 부족할지도 모른다는 신호를 받아 여러 후생유전학적 효과가 조합되면서 다양한 유전자 스위치가 켜지고 꺼지는 과정을 통해 음식을 조금만 먹어도 살아남을 수 있도록 작은 몸집으로 태어난다. 작은 몸집의 반대쪽에는 정상아가 아닌 비만한 몸집이 있을 것이다.

20여 년 전 영국 의학 교수인 데이비드 바커는 태아 때 영양이 부실하면 자라서 비만하게 된다는 주장을 최초로 제기했다. 그의 바커 가설 또는 절약표현형 가설thrifty phenotype에 따르면 영양이 부실한 태아는 에너지 비축 효율이 높은 '절약형' 신진대사를 발달시킨다. 절약표현형 아기가 1만 년 전 식량 기근 시기에 태어났다면 절약형 신진대사로 살아남기 쉬웠겠지만 영양가는 없으나 칼로리는 높은 정크 푸드 음식이 풍부한 21세기에 태어나면 살이 찌고 만다.

최근 쥐를 이용한 연구에 따르면 태아가 자궁에 착상하기도 전인 임신 첫 4일 동안 저단백질 음식을 먹였더니 아기 쥐들이 고혈압에 걸릴 확률이 높게 나타났다고 한다. 임신 초기에 음식을 제대로 먹이지 않은 산모 양도 신진 대사가 느려 먹은 음식이 지방으로 많이 변환되자 동맥경화가 나타났다.

영국에서 진행된 연구에 따르면 사춘기 전에 흡연을 시작한 남성의 아들은 9살이 되면 정상아보다 훨씬 뚱뚱했다. 아버지가 들이마신 담배 연기 속 독성이 아버지 정자에 후생유전적 변화를 초래한 것이다. 이러한 독성물질은 거친 환경을 암시하므로 정자는 절약형 신진대사형 아기를 만들 준비를 갖춘다. 이러한 절약형 신진대사에 '서양식 식습관'이 합쳐지면? 아이가 비만아로 자랄 확률이 크게 높아지는 것이다.

본 연구의 수석 과학자인 영국의 마커스 펨브리라는 유전학자는 이 연구 결과가 모계뿐 아니라 부계의 영향 또한 받을 수밖에 없다는 증거를 보여준다. 그는 이를 '원칙의 증거'라고 말한다. "정자가 조상의 주변환경에 대한 정보를 입수한 결과 후대의 발달 상태와 건강이 달라지는 것이다."

샤론은 사실은 엄마, 아빠만 후생유전적 영향을 미치는 것이 아니라고 말한다. 할머니와 할아버지도 흔적을 남긴다. 여아는 평생 쓸 난자를 이미 난소에 담고 태어난다고 한다. 우리 염색체 중 절반의 근원이자 발달 모체인 난자는 엄마가 아직 외할머니 뱃속에 있을 때 어머니의 난소 속에서 이미 만들어진 것이라는 놀라운 사실.

새로운 연구로 밝혀진 바에 따르면 외할머니가 엄마에게 전달하는 후생유전학적 신호는 엄마의 난자, 즉 우리들의 절반을 제공할 그 난자에 똑같이 전해지고 있음이 밝혀졌다.

미국 LA의 한 연구팀은 외할머니가 임신 중에 담배를 피운 아이들은 엄마가 임신 중 담배를 피운 아이들보다 천식에 걸릴 확률이 높다는 사실을 밝혀냈다고 한다.

2005년 스페인 국립암센터의 마넬과 동료들은 보고서를 발표했는데 일란성 쌍둥이가 출생 당시는 거의 동일한 패턴을 보였으나 성장하면서 그 패턴이 달라지더라는 결과를 보고했다. 이러한 상이한 후생유전적 패턴은, 상이한 화학물질이나 식단·흡연 등에 노출된다거나, 대도시나 시골에서 거주하는 등 환경 요인에 좌우되는 결과가 많았다.

샤론은 생명은 지금도 여전히 창조가 진행되고 있음, 즉 지금도 진화하고 있음을 인식하기를 바란다. 또한 이 세상 모든 것이 고립되어 따로 존재하지 않음을 지적한다. 마지막으로 우리와 질병의 관계를 제대로 늘 들여다보기를 바란다. 생명이란 복잡하게 얽혀 있는 선물이라고 샤론은 말한다. 우리에게 주어진 생명, 그것을 건강하게 지켜나가기를 바란다. 따라서 건강을 당연하게 여기지 말고 경외심을 품고 감사하라 요구한다. 건강은 당연한 것이 아니다. 생명이 당연한 것이 아니듯 건강하기 위해서는 늘 깨어 있어야 한다. 생명의 진화는 도무지 상상할 수 없을 만큼 복잡하고 엄청난 시간의 역사다. 우리 한 사람 한 사람이 사실은 기적의 산물인 것이다. 그러므로 정크푸드, 쓰레기 음식을 이 귀한 몸뚱이에 집어넣지 말라. 당신의 몸은 쓰레기통이 아니다. 더 많이 배우고 더 많이 귀 기울여 진화의 엄청난 산물인 당신의 건강을 체험하라*

> 무와 양배추, 완두콩을 먹게 해주오. 하지만 고기 스튜나 설탕에 절인 과일, 크림 등 조리한 음식은 먹지 않으려오. "날것을 주오." 꽃 피는 나무에서 딸 때 혹은 정직한 대지에서 뽑을 때 말고는 사람의 '손'을 타지 않은 것을 주오.
>
> —셔우드*

7. 영양실조에 걸린 당신의 뇌

"스트레스를 피하고 충분한 휴식을 취하세요. 주변 사람들에게 휘둘리지 말고 차분하게 자신의 페이스를 유지하는 게 중요합니다."

맞는 말이다. 그러나 상황은 나의 기대대로 움직여주지 않는다. 현실은 나에게 그다지 친절하지 않다. 환경은 시시각각 변한다. 세상은 쉼 없이 변화하고 있다. 바로 이때 우리는 어떤 액션을 취해야 할까?

토모미는 심료내과 전문의다. 그의 설명에 따르면 심료내과란 현대인에게 일상적인 스트레스나 신경과민 등의 심리적인 문제들이 두통, 복통 등 각종 내과질환과 관련되어 나타나는 '증상'을 치료하는 진료과목이라고 한다. 이제 의사들도 안다. 몸과 마음이 하나인 듯 붙어 있다는 사실을.

사실 스트레스는 외부의 상황으로부터 내가 받는 심적인 부담을 의미한다. 이 심적인 부담을 적절히 처리하지 못하므로 나의 몸이 과부하 반응을 일으키고 이것이 만성이 되면 발병하게 되는 것이 우리 몸의 건강 체계이다.

심료내과는 마음과 다양한 신체 증상들을 연결시켜 치료한다. 복통, 두통, 설사, 흉통, 어지럼증 등 환자들의 괴로움은 마음과 연결되어 있는 것이다. 그는 다양한 환자들을 만나면서 숱한 임상 사례들을 수집했다. 어떤 환자는 치료효과가 금방 나타나고 어떤 환자는 약이 제대로 듣지 않을 뿐만 아니라 오히려 악화되기도 했다. 심각한 부작용 사례도 있었다.

스트레스를 피할 수 있다면 좋겠지만 늘 반복적으로 다가오는 스트레스에 맞설 수 있는 건강한 몸과 마음을 만들도록 체계적인 준비가 우리에게는 필요하다.

그는 말한다.

"사람의 몸은 전부 음식물에서 섭취한 영양소로 운용된다. 그러므로 체내 분자인 영양소를 정상적인 상태로 조절하면 자연 치유력이 높아지고 면역 능력을 개선 시킬 수 있으니 당연히 병에 걸리지 않도록 미리 예방할 수 있다."

이런 생각으로 그는 이제 환자들을 만나면 "병원에 오기 전에 먹·거·리·부터 바꾸십시오." 라고 이야기하는 의사가 되었다.

그렇다면 우리가 마음의 문제라고 하는 스트레스 반응을 한 번 살펴보자.

그는 질문을 던진다. 이런 경험들을 해 본 적이 있느냐고.

아침에 일어나기가 너무 힘든가?
별일도 아닌데 자꾸 짜증이 나는가?
예전에 비해 집중력이 떨어진 것처럼 느껴지는가?
만사에 의욕이 없고 무기력한가?
같은 실수를 자꾸 반복하는가?
회의할 때나 대화할 때, 영화볼 때 내용이 잘 정리되지 않는가?

건망증이 심해졌는가?

그는 이 모든 문제들이 마음에서 비롯된 것처럼 보이지만 사실 문제는, 그리고 문제에 대한 답은 '뇌' 속에 있다고 말한다. 즉 마음의 활력을 가져오는 핵심 요소는 바로 뇌 속에 있다는 것.

사실 우리가 순간순간 느끼는 기분이나 마음의 변화는 뇌의 변화에 따른 반응이다. 우리 뇌 속에는 '뇌내 호르몬'이라고 불리는 다양한 신경전달물질이 있어서 이들의 작용에 따라 행복, 즐거움, 기쁨, 불안, 초조, 슬픔, 짜증, 분노 등의 기분이나 감정을 느끼게 된다.

'즐겁다'는 느낌일 때 뇌 속에서는 '쾌감 호르몬'인 도파민이라는 신경전달물질이 분비된다. '행복할 때'는 '행복 호르몬'인 세로토닌이, 일에 열중할 때는 '긴장 호르몬'인 노르아드레날린이 분비된다. 심한 스트레스 상태에서는 다량의 노르아드레날린 분출로 불쾌해진다. 그러면 몸에서는 이를 완화시키고자 세로토닌을 다시 다량으로 소비한다. 바로 이때 세로토닌을 만드는 '핵·심·원·료'가 부족하면 세로토닌 생산량이 스트레스의 속도를 따라잡을 수 없게 된다. 이렇게 되면 마이너스 상태의 에너지로 '마음의 이상 상태'가 나타나게 되고 이 상태가 지속되면 우울증, 공황장애, 강박신경증 등 심각한 병으로 발전하기도 하는 것이다. 이 핵심원료가 바로 우리가 음식물을 통해 섭취하는 영양소다. 먹는 행위는 단순한 '입맛'의 문제가 아니다. 우리가 섭취한 음식은 몸에 곧바로 영향을 미친다. 따라서 중요한 것은 뇌에 영양을 충·분·히 공급해 스트레스에 능동적으로 대처할 힘을 길러야 한다. 근본적으로 뇌에 영양을 충분히 공급하지 않으면 아무리 운동을 하고 휴식을 취한다고 해도 평생 시소게임만 반복될 것이라고 히메노는 우리에게 경고한다.

그는 뇌 속의 신경전달물질이 계속 소모되기만 하고 제대로 충전하지 못하게 되는 상황을 자동차의 배터리가 방전된 상태로 비유한다. 이 경우 우리는 차의 시동을 걸 수 없게 된다.

토모미는 마음의 균형을 마이너스 상태에서 플러스 상태로 바꾸거나 이 상태를 꾸준히 유지하려면 스트레스만 줄이려고 할 것이 아니라 뇌가 신경전달물질을 자유롭게 조절할 수 있도록 두뇌 배터리를 항상 충분히 충전해두기를 제안한다. 즉 스트레스로 에너지 소비량이 아무리 늘어나더라도 그 이상으로 에너지를 생산할 수 있는 시스템을 몸이 완비할 수 있도록 늘 준비해 두자는 것이다. 마음의 균형을 유지하는 것은 신경전달물질의 자유로운 회전에 상당 부분 영향을 받는다는 것. 이러한 뇌와 마음의 균형은 약을 먹어서 치료한다고 해서 완치되는 게 아니다. 약물을 복용해서 일시적으로 신경전달물질을 조절한다는 발상은 매우 위험할 수 있다. 약은 인간의 몸의 내성을 점진적으로 약화시켜 결국 면역체계의 전반적인 저하로 방향을 잡을 수밖에 없기 때문이다. 따라서 일시적인 증상을 잡는 것은 늘 불완전한 미봉책에 불과하므로 재발하고 또 재발하게 되는 악순환의 고리 속으로 들어갈 수밖에 없다.

그렇다면 두뇌 배터리를 늘 충분히 충전할 수 있는 영양소에 관심의 초점을 두어야 한다. 단백질과 비타민, 미네랄 같은 영양소들은 우리 몸의 머리카락에서 손톱, 발톱, 혈액, 장기, 뼈 등을 구성한다. 그 모든 것들을 날마다 식사와 간식 등 음식물을 통해 공급받음으로써 우리의 몸은 '항상성'을 유지하게 되는 것이다.

기운이 떨어지고 쉽게 피로해지고 우울해지거나 몸이 개운하지 않고 지뿌둥한 증상 등은 모두 뇌 속의 신경전달물질이 원활히 작동하고 있지 않다는 신호다. 배터리가 부족해 '깜박깜박' 경고등이 들어오기 시작했다는 신호다. 이때 그는 이렇게 환자들에게 말한다고 한다.

"당신의 모든 증상은 뇌의 영양부족 때문입니다."

지금 우리들은 거의 대부분 음식물을 과·잉·섭·취·하는 식습관을 가지고 있다. 너무 많이 먹어서 고혈압, 당뇨병, 고지혈증, 대장암 등의 질환이 발생한다. 병이 내 몸 안으로 침투해 들어오는 중요한 이유 중 하나는 우리가 먹는 음식물들이 몸의 전반적인 건강을 유지하기 위해 운용되는 식습관이 아니라 오로지 '혀'에 길들여져 있다는 사실이다. 즉 바람직한 영양 상태를 유지할 수 없다는 것.

토모미는 병원을 찾아온 환자들을 상대로 혈액 검사를 통해 영양 상태를 조사해보고 깜짝 놀라지 않을 수 없었다. 99퍼센트의 진료 환자들이 영양 부족, 즉 영양 실조 상태였던 것이다. 음식물을 과잉 섭취하는 작금의 세상에서 환자의 99퍼센트가 '영양 실조'라는 진단 결과를 당신은 믿을 수 있겠는가?

그는 뇌의 영양에서 중요한 것은 아미노산(단백질)이라고 말한다. 뇌의 에너지원이 당분, 즉 포도당이라고 생각해 피곤하거나 스트레스를 받으면 초콜릿이나 사탕 같이 무조건 단것을 찾는다? 이것은 사실 커다란 오해라고 토모미는 지적한다. 뇌에서 에너지로 태우는 영양성분이 포도당인 것은 맞다.

그러나 뇌는 기본적으로 단백질과 지질로 이루어져 있다. 신경전달물질 또한 단백질의 분해로 생기는 아미노산으로부터 합성된다. 이 과정에서 효소와 보조효소(Coenzyme)와 보조인자(Cofactor)가 반드시 필요하다. 효소는 아미노산이며 보조효소는 비타민, 그리고 보조인자는 미네랄이다.

또한 아미노산과 신경전달물질을 합성할 때는 비타민과 철 등의 미네랄류 또한 반드시 필요하다. 현대는 스트레스가 넘쳐나는 시대다. 따라서 뇌의 신경전달물질은 계속 소비될 수밖에 없다. 뇌의 배터리를 방전시키지 않으려면 균형을 맞춘 영양소들을 골고루 섭취해야만 한다. 채소의 경우 아무리 많이 먹어도 부족한데 이유는 예를 들어 시금치 속에 들어 있는 비타민과 미네랄이 20년 전에 비해 약 절반 수준밖에 안 되고 당근의 비타민A는 3분의 1로 줄었기 때문이다. 특히 요즘에는 소비자들이 영양분보다는 겉모양, 맛, 향을 우선시하기 때문에 무분별한 품종 개량 결과 비타민과 미네랄의 양이 특히 많이 줄어들고 말았다. 그러나 그럼에도 불구하고 자연에서 나는 야채와 과일을 인공의 종합비타민제 따위는 따라잡을 수조차 없다.

히메노 토모미는 우리 뇌를 자동차에 비유한다. 그는 배터리에 해당하는 것이 '아미노산'이고 휘발유에 해당하는 것이 '포도당'이라고 말한다. 휘발유에 해당하는 포도당을 과잉 섭취하는데도 늘 저혈당 증상이 나타나는 이 놀라운 상황에 대한 근본적인 이유는 어디에 있는 걸까?

뇌의 연료인 포도당이 부족하면 머리가 멍하고 노곤해지며 집중력이 저하되고 자꾸 졸음이 쏟아지거나 산만해지고 쉽게 짜증이 나게 된다. 즉 '저혈당' 증세인 것이다. 여기 놀라운 통계가 하나 있다. 짜증이 심해지고 집중력이 뚝 떨어져 병원에 찾아온 300명의 환자를 대상으로 당부하 검사를 실시했다. 결과는 놀라웠는데 300명 중 296명에게서 '저혈당증'이 확인되었다. 하여 연구진들은 그들의 평·소·식·습·관·을 조사해보았다. 그들의 식습관 중 탄수화물 부족 현상은 없었다. 아니, 오히려 그들은 밥, 술, 과자 등과 같은 고탄수화물 위주 식습관을 지닌 사람들이었다. 평소에 부지런히 당질을 섭취하는데 왜 저혈당 증상이 나타나는 걸까?

만약 밥이나 빵, 케이크 등을 한·꺼·번·에 너무 많이 섭취하면 혈당치는 순간적으로 급격히 상승한다. 그러면 췌장은 혈당치를 낮추려고 인슐린을 대·량·분비한다. 그러면 솟구쳤던 혈당치가 가파르게 떨어지면서, 뇌까지 가야 할 당분이 부족해진다. 그러면 우리는 급격한 졸음, 집중력 저하, 노곤함, 몽롱함의 상태를 경험하게 되는 것이다.

혈당치가 급격히 떨어지면 뇌는 포도당 공급이 부족하다고 판단, '긴급사태'를 선포하고 다시 혈당치를 높이기 시작한다. 즉 신경전달물질인 아드레날린과 노르아드레날린을 분비한다. 아드레날린이 분비되면 짜증과 신경질이 나고 노르아드레날린이 분비되면 불안감과 답답함을 느끼게 되는 것이다. 그러면 다시 몸은 단것을 강하게 먹고 싶어진다. 단것을 먹으면 잠깐 세로토닌이 증가, 행복한 기분이 들다가 갑자기 높아진 혈당치를 낮추려고 인슐린이 분비되면 다시 저혈당이 되어 짜증이 몰려온다. 이런 상태를 반복하다 보면 뇌는 튼튼해지는 게 아니라 더욱 지치고 피곤해지는 것이다. 결국 우리가 먹는 음식 습관이 우리를 건강하게 하거나 지치게 한다. 건강한 몸을 위해서는 체계적인 식습관을 가지는 것은 필수다.

그는 당부하검사에서 저혈당증인 사람과 혈당치가 정상치인 사람을 비교한다. 정상인 경우 혈당치가 조금 상승하더라도 완만하게 원래 상태로 돌아온다. 그러나 저혈당 환자는 롤러코스터를 탈 때처럼 급격하게 혈당치가 오르내린다. 당질, 즉 탄수화물 위주의 식사를 계속하는 것은 매우 위험할 수 있다. 연료를 아무리 많이 넣어도 정작 연료가 부족해지는 이상한 현상을 경험하고 싶지 않다면 탄수화물 중심의 식습관에서 탈출해야만 한다.

밥, 케이크, 조미료나 어묵 등 생선을 갈아 만든 제품, 햄, 소시지, 과자, 음료 등 우리가 먹는 모든 식품, 특히 공장에서 만들어진 거의 대부분의 식품에는 당질이 넘쳐난다. 우리가 샐러드에 뿌리는 드레싱, 양념 소스에도 당분은 넘쳐난다. 우리가 날마다 섭취하는 이 엄청난 양의 당질들이 결국 우리의 뇌를 피곤하고 기진맥진하게 만들며 만성에 이르면 결국 '질병'이라는 적금을 타게 되는 것이다. 병은 나의 식습관과 생활습관의 총체적 결과

물일 뿐 갑작스럽게 병에 걸리는 경우는 희박하다고 보는 게 맞지 않겠는가?

먹거리를 점검하라. 먹거리 자체가 보약이거나 독약이다. 또한 약을 끊어라. 약은 정답도 아니고 해답도 아니다. 약을 먹기 전에 나의 식습관을 먼저 점검하는 게 맞지 않겠는가?

그는 약을 먹지 않아도, 단지 뇌에 부족한 영양을 제대로 공급해주는 것만으로도 얼마든지 건강한 몸을 만들 수 있다고 말한다.

그가 진료한 환자 중 공황장애로 고통 받아 온 카메라맨과 보육교사가 있었다. 그들은 일상 생활에 장애를 느낄 만큼 힘든 증상을 호소했다. 공황장애란 특별한 이유 없이 갑·자·기 가슴이 두근거리고 떨리고 극심하게 어지럽고 숨이 막히고 식은땀이 나고 발작이 일어나 죽음이 가깝게 느껴질 만큼 강한 공포심에 사로잡히는 병이다. 이 병은 노르아드레날린 같은 긴장 유발 신경전달물질이 과도하게 분비되는 병인데 사실은 이완호르몬인 세로토닌이 그만큼 제대로 제어기능을 발휘하지 못하기 때문이라고 한다.

토모미는 이 환자들을 보면서 공황발작 증상과 저혈당 증상이 매우 흡사하다는 사실을 발견했다. 그렇다면 그의 처방은?

토모미는 지금까지 어떤 치료로도 증상이 개선되지 않았던 공황발작 환자 20명 중 19명이 저혈당증이라는 사실을 검사결과 확인할 수 있었다. 그는 그들에게 '당질을 제·한·하는 식사를 실천'하도록 유도했다. 결과는? 공황발작이 치료되었을 뿐만 아니라 합병증인 고지혈증과 당뇨병 또한 개선되는 결과에 도달했다.

41세 방송국 카메라맨인 A는 작업 중 갑자기 가슴이 답답하고 괴롭고 식은땀이 나곤 했다. 심할 때는 의식이 희미해지기도 했다. 그는 피곤이 쌓여서 혹은 잠을 제대로 못 잤기 때문이라고 생각했다. 그러나 2년이 넘도록 치료를 받아도 증상은 심해져서 기존 약물요법도 효과가 없었다. 토모미는 당부하검사를 통해 명백한 저혈당증임을 확인했다. 그는 A의 식습관을 점검했다. A는 아침식사로 흰 쌀밥을 세 공기쯤 먹었다. 도정된 백미는 곡류 중 가장 소화 흡수가 빠른 당질이다. 따라서 날마다 그는 혈당치를 급격히 높이는 식품을 대량으로 섭취한 셈이다. 그 외에 점심 식사로 치즈버거 여섯 개, 늦은 저녁엔 라면 2인분 등 고칼로리에 당질 위주의 식사습관을 갖고 있었다. 또한 그는 식사 때마다 콜라를 빠짐없이 마셨고 빵과 과자 등 혈당치 높은 간식들도 늘 입에 달고 살았다.

토모미는 약물 치료보다 식사내용을 바꾸는 처방을 내렸다.

첫째, 정제된 백미는 안 된다. 혈당치를 완만하게 상승시키는 현미밥으로 바꿔라. 섭취량도 줄인다.

둘째, 당질의 빠른 흡수를 억제할 수 있는 식물섬유를 충분히 섭취한다. 식전에 채소를 먹는 것은 좋은 습관이다. 밥 위주로 식사하는 습관을 버리고 채소 위주의 부식이 주가 되어 배를 채운 다음 소량의 밥을 먹는 것으로 식습관을 바꾼다.

셋째, 식사의 균형을 위해 당질의 양은 대폭 줄이고 세로토닌의 원료인 단백질을 자주 섭취한다.

넷째, 간식과 청량음료수를 완전히 끊는다. 이것은 100% 독약이다.

A는 이렇게 식생활 개선 후 반 년 만에 혈당치가 안정되었고 식은땀도 흘리지 않게 되었으며 의식을 잃는 등의 발작 증세도 사라졌다. A는 공황장애를 처방하는 항불안제나 항우울제는 일

절 먹지 않았다. 식생활을 개선하는 것만으로 반년 동안 9킬로그램을 감량했으며 당뇨 증상도 정상으로 돌아왔다. A는 토모미와 함께 약의 도움 없이 식생활만을 바꿔 뇌에 꼭 필요한 영양을 채움으로써 2년 만에 100킬로그램을 넘나들던 몸무게를 73킬로까지 줄일 수 있었다.

피곤할 때나 짜증날 때마다 단 것을 찾는다면 그것은 뇌 속에 세로토닌이 부족하다는 증거다. 악순환을 끊고 싶다면 당질 대신 세로토닌의 원료인 단백질이 풍부한 먹거리를 섭취함으로써 세로토닌 생산량을 안정적으로 늘리면 된다.

현명하게 제대로 골라 먹지 않으면 아무리 많이 먹어도 결국 뇌는 영양 부족에 빠지게 된다. 휴식도 적당한 운동도 필요하다. 스트레스를 해소할 수 있는 다양한 방법들도 필요하다. 그러나 무엇보다 365일 하루 세 끼 먹는 식습관과 식사 사이사이에 끼어드는 간식의 종류가 나를 질병에 허덕이게 만드는 것이다.

짜증, 불안감, 침울한 기분, 집중력 저하, 무기력, 설사, 변비, 어지럼증 등 거의 모든 마음의 반응이나 질병의 증상들은 사실 불균형한 영양 공급이 원인일 수 있다.

예를 들어 철분 부족에 대해서 잠깐 살펴 보자.

철분이 부족하면 빈혈이 생기거나 안색이 나빠지고 가슴이 두근거리고 숨이 차게 된다. 또한 짜증, 주의력 저하, 신경과민 같은 심리적 증상 또한 철분 부족과 관련이 깊다.

철은 혈액 속의 적혈구를 만들고 머리끝부터 발끝까지 온몸에 산소를 운반하며 몸의 곳곳에서 중요한 역할을 한다. 철은 수면 각성에 관여해 철이 부족하면 쉽게 깨어나지 못하거나 깊은 잠에 빠지지도 못한다. 철분은 단백질이 분해되어 생기는 아미노산의 작용에 도움을 주어 콜라겐 합성을 촉진하므로 피부, 머리카락, 손톱과 발톱의 건강에도 깊이 관여한다. 습진이나 여드름은 철분 부족에 대한 몸의 무의식적 신호다. 철분을 보강하고 싶다면 가다랑어, 바지락, 쪄서 말린 멸치, 톳, 콩 식품, 무청, 유채, 시금치 등을 권한다.

토모미는 나의 몸에 부족한 영양소들을 하나하나 조목조목 들여다본다. 부족한 비타민과 단백질을 채우기 위해서 섭취해야 할 식품들을 우리에게 알려준다. 가다랑어, 다랑어, 연어, 꽁치, 소의 간, 고등어, 바나나, 현미, 땅콩, 장어, 명란젓, 바지락, 재첩, 생굴, 딸기, 된장, 치즈, 달걀, 김치, 청국장, 시금치, 당근, 파,

마늘, 치커리, 군고구마, 감자, 엑스트라버진 오일, 레몬····.

무언가를 먹음으로써 피와 살이 되고 뇌에 적정한 영양소를 공급함으로써 건강한 삶을 유지하고 싶다면 고당질 식품을 과감히 버려야만 한다.

단백질은 몸과 마음의 기초가 되는 영양소다. 뇌의 건조 중량 중 40퍼센트가 단백질이므로 사실 모든 영양소의 기초라고도 할 수 있다. 단백질이 부족하면 의욕, 기억력, 사고력은 저하되고 우울증의 위험은 높아진다. 약을 먹을 때도 이 성분들은 모두 단백질과 결합, 세포로 운반된다고 한다. 단백질은 필수인 것.

특히 식사를 하고 강한 졸음이 밀려오거나 불쑥불쑥 짜증이 나거나, 집중력이 떨어지거나 기분이 침울해지거나 편두통이 느껴진다면 내가 1~2시간 전에 '무엇을 먹었는지' 반드시 점검해보아야 한다.

달콤한 케이크나 과자, 단 음료, 흰 쌀밥, 밀가루가 주원료인 빵이나 라면, 우동, 국수 같은 면류, 청량음료, 당분이 듬뿍 든 주스, 달콤한 아이스크림, 크림과 설탕이 듬뿍 들어간 커피, 초콜릿, 쿠키 등을 끊어라. 당질만 잔뜩 들어 있는 음식을 맛있게 먹을 때마다 당신은 자발적으로 기꺼이 영양 부족 상태로 걸어 들어가 질병의 먹이가 되기를 자처하는 셈이다. 혈당치가 단것을 많이 먹어 요동칠수록 뇌는 피곤하고 지치게 된다. 당신이 먹은 음식은 바로 당신 자신이다. 내 몸에 끊임없이 쓰레기 음식을 집어넣으면서 건강하기를 바랄 수는 없다. 당질로 편중된 식사 습관을 바꿀 생각은 하지 않고 실력 있는 병원과 실력 있는 의사들을 입에 침이 마르도록 칭찬하는 사람, 혹시 당신은 아닌가?*

> 살아 있는 나무에서 사과를 따거나 콩깍지에 든 신선한 콩을 까서 먹을 때, 우리의 소화 기관은 조리한 음식을 먹을 때보다 현저히 플러스 요소를 얻게 되는 듯하다.
>
> —닥터 프레드 D 밀러*

8. 뇌와 장과 장내 미생물은 연결되어 있다

에머런 메이어는 의학박사다. 메이어 박사는 뇌와 장의 상호작용에 초점을 두고 지난 40년 간 연구를 해왔다. 지난 25년간 미국 국립보건원의 도움을 받아 연구를 진행해왔으며 뇌와 장, 장내 미생물군의 상호작용과 만성 내장 통증 분야의 개척자이며 세계적인 권위자이기도 하다. 뇌—장—장내 미생물군 축과 이것이 인간의 감정과 건강 전반에 미치는 영향을 연구하는 분야를 정리한 [더 커넥션]은 현대 북미 식단의 해악에 초점을 맞추고 있다.

　복합탄수화물과 식물성 지방이 많고 '붉은 고기와 동물성 지방, 정제된 설탕'이 적은 식단이 건강에 좋다는 점을 메이어는 지적한다. 담백한 음식들이 아닌 동물성 지방이나 정제 설탕, 정제소금 등이 첨가된 음식들이 체내에 들어가면 뇌와 장의 상호작용이 교란된다. 이러한 교란은 에너지 손실, 식품 감수성, 기능성 위장장애에서 우울증, 음식중독, 파킨슨병 등의 정신질환에 이르기까지 건강에 있어 폭넓은 문제를 불러 일으킨다고 메이어는 강조한다. 또한 올리브유, 적포도주에 든 폴리페놀과 강황, 커큐민, 생강 등의 식물성 음식들은 항염증효과가 있음을 밝혀냈다. 이들은 장내 미생물군에게 긍정적인 영향을 미침으로써 장내 미생물군의 다양성과 풍부함을 증가시킨다. 이들은 장에 이로워 장 누수성을 감소시킨다. 또한 뇌에도 유익한 식단이다. 말하자면 식물성 식품 위주의 단순한 식사가 건강한 식단의 청사진이 되는 것이다. 메이어가 연구한 인간과 인간 장내 미생물군의 건강에 유익한 식품들은 모두 식물성 식품을 중심으로 하고 있으며 동물성 지방과 정제된 설탕 등이 제한된 음식들이다.

2016년 가을, 메이어 박사는 한국을 방문했다. 메이어는 한국의 전통 식단 대부분이 각종 나물을 중심으로 다양한 식물성 식품으로 이루어져 있으며 생선, 가금류, 적절한 양의 붉은 고기 등 극히 적은 동물성 지방으로 구성되어 있다는 사실에 놀랐다고 한다. 또한 매우 다양한 발효식품들이 어우러져 있는 사실에 감탄하였다고 한다. 김치와 젓갈, 된장찌개, 김치찌개 등 다양한 발효식품들은 훌륭한 먹거리에 속한다. 발효식품은 음식을 보존, 저장하고 소비기간을 늘리기 위한 하나의 방법이지만 최근 세계는 발효식품의 유익함에 크게 주목하고 있다.

발효과정에는 유산균과 비피두스균 분류군에 속하는 미생물군이 반드시 필요하다. 바로 이 미생물군이 뇌와 장의 주역이라고 메이어는 말한다.

단일 균주든 여러 균주가 복합적으로 섞여 있든, 수백 가지의 프로바이오틱스 균주들은 비만, 대사증후군, 위장관 질환 등 여러 의학적 질환에 유익하다는 사실이 증명되고 있다.

스트레스는 나쁘기만 한 것일까? 모두가 인정하듯 스트레스가 반드시 나쁜 것만은 아니다. 급성 스트레스의 감정적 각성은 시험을 치르거나 강연하는 등 과중한 과제를 잘 수행하게 돕기도 하고 장내 감염에 대한 방어체계를 강화해 장 건강에도 이롭다. 급성 스트레스는 스트레스 관련 뇌 신호에 반응해 위산 생성을 늘려 음식을 통해 침입한 미생물이 장에 도착하기 전에 제거한다. 또 장에 신호를 보내 병원균이 든 내용물을 밖으로 배출시킨다. 디펜신이라는 항균성 펩타이드 분비를 증가시키기도 한다. 이 모든 반응들은 잠재적으로 신체 내의 침입자에 대항하기 위한 강력한 수단을 제공한다. 문제는 이 스트레스가 반복되어 만성이 될 때 발생한다. 만성 스트레스는 위장관 감염 위험도를 증가시키고 감염이 해결된 뒤에도 지속되는 증상으로 고통 받게 된다. 이는 과민성대장증후군이나 주기적 구토증후군으로 복통, 복부팽만감, 구역질, 설사, 불쾌한 기분, 불규칙한 배변, 경련 등 다양한 반응으로 지속적으로 고통 받게 된다.

그렇다면 긍정적인 감정은 장내 미생물군에게 어떤 영향을 미칠까?

각각의 감정과 해당 뇌 운영체계는 독특한 화학신호에 의해 촉진된다. 엔도르핀은 기쁠 때, 옥시토신은 애정을 느낄 때, 도파민은 무언가를 열망할 때 분비된다. 이런 화학 스위치가 뇌의 각각의 운영체계를 자극하면 수축작용, 분비작용, 장내 혈액의 흐름 등 특징적인 패턴을 보이는 독특한 장 반응을 불러 일으키는 것이다. 뇌에서 장내 미생물군으로 전달되는 감정 관련 신호는 장내 미생물군의 행동을 우리의 건강에 유익하게 바꾸고 장내 감염에서 우리를 보호한다. 기쁨이나 설렘 등과 관련된 신호는 장내 미생물군의 다양성을 증가시키고 장 건강을 재건하며 장내 감염과 다른 질병에서 우리를 보호한다.

메이어 박사는 장과 장내 미생물군의 참여가 인간 감정의 강도와 지속성, 그리고 독특함을 결정하는 매우 중요한 요소라고 생각한다. 장내 미생물군은 주로 대사산물을 만들어서 인간의 감정에 작용한다. 장에는 미생물 유전자가 800만 개 정도가 있고 이는 인간 유전체의 유전자보다 400배나 많은 숫자라고 한다. 놀라운 점은 인간은 각 개체가 유전자의 90% 가량을 공유하므로 서로 거의 동일하지만 인간의 장내 미생물군 유전자 집합은 사람마다 달라 대략 5%~10% 정도만 유사하다. 말하자면 각 개인이 가진 장내 미생물군은 인간의 뇌―장 감정생성기전에 완전히 새로운 차원의 복잡성과 가능성을 지닌다고 볼 수 있다.

장내 미생물군은 우리가 반응하는 감정 경로에서 매우 중심적인 역할을 하기 때문에 스트레스, 음식, 항생제, 요구르트와 같은 프로바이오틱스 등 장내 미생물군의 대사 활성을 '변형' 시키는 요소는 무엇이든 원칙적으로 감정-생성 호르몬의 발달과 반응성을 조절할 수 있다. 특히 생활습관, 식습관은 감정생성 기전을 미세 조정하는 중요한 요소이다.

신경학자인 크레이그는 모든 감정의 목적은 '유기체의 균형을 유지하는 것'이라고 말한다. 따라서 어떤 상황에 반응하여 감정이 올라올 때 그것을 찬찬히 의식적으로 들여다보는 훈련을 하는 것은 우리의 정서적 건강과 육체적 건강을 위한 중요한 습관이 될 수 있다. 아마도 이렇게 감정이 올라올 때 그 감정을 들여다볼 수 있다면 지금 내가 섭취하고 있는 먹거리에 대해서도 들여다 볼 수 있는 객관적 시선을 충분히 확보할 수 있다. 말하자면 뇌와 장을 다스리는 치료를 하고 싶다면, 즉 건강한 나를 회복하고 싶다면 우선 식단을 바꾸어야 한다. 과일, 채소, 김치 등의 다양한 발효식품은 다양한 종류의 유산균과 비피두스균이 들어 있어 장내 미생물군의 움직임을 정상 가동시킬 수 있고 이 것은 우리의 감정과 건강에 지대한 영향을 미친다. 내가 늘 먹는 음식을 들여다보는 습관을 길러라.

메이어는 21세기의 우리는 전례 없는 시대를 살아가고 있음을 지적한다. 우리의 식단은 언제부터인가 항생제, 방부제 등 온갖 화학물질에 노출되었고, 인공 감미료, 정제소금, 정제 설탕으로 뒤범벅된 음식들로 넘쳐나게 되었다.

또한 우리는 복잡해진 사회 구조 속에서 만성적인 스트레스에 노출되어 있다. 동물성 지방 섭취가 지나치게 과도한 생활습관이 만연됨으로써 뇌에 독이 되고 뇌—장—미생물군의 면역 시스템을 교란시킴으로써 우울증, 불안, 자폐증, 파킨슨병, 고혈압, 당뇨, 심혈관질환, 심지어 알츠하이머병에 이르기까지 다양한 질병들을 몸 안에 들이고 있다. 뇌와 장 그리고 장내 미생물군 사이에는 날마다 우리가 잠자는 동안에도 끊임없이 엄청난 양의 정보교환이 이루어지고 있다.

이 보이지 않는 대화가 우리의 기본적인 소화 지능을 조절할 뿐만 아니라, 인간으로서의 경험들, 즉 느낌, 의사결정, 사회화 과정, 음식 섭취량에도 영향을 미친다. 따라서 최적의 건강상태를 유지하기 위해서는 뇌와 장, 그리고 미생물군의 상호작용에 귀를 기울이지 않으면 안 된다. 이들의 작용을 교란시키지 않는 건강한 몸을 갖고 싶다면 먹지 않아야 할 것들을 미리 '차단'하는 습관이 반드시 필요하다.

메이어는 두 사람의 예를 들어 '최적의 건강상태'를 유지한다는 것이 어떤 의미인지를 보여준다.

그의 의사 친구 멜빈은 카리브 해의 섬으로 여행을 떠났다가 타고 가던 프로펠러기가 부주의로 제트 연료를 주유하는 바람에 이륙하자마자 추락했다. 심각한 사고였지만 살아남았다. 멜빈은 척추 손상에 갈비뼈가 부러지고, 다리에 깊은 자상을 입어 중증의료센터에서 수술을 받았다. 매우 심한 외상과 감정적 상해에도 불구하고 멜빈은 곧 목발을 짚고 걸을 수 있었고 수술 3주 후부터는 사무실에서 일할 수 있었다. 이렇게 빠른 속도로 회복될 수 있었던 것은 그가 '최적의 건강상태'를 유지하고 있었기 때문이라고 메이어는 지적한다. 그는 미국인 가운데 극히 소수만이 이런 최적의 건강상태를 유지하고 있다고 본다. 최적의 건강상태란 신체적, 정신적, 감정적, 영적, 사회적 행복을 누릴 수 있고, 활력이 넘치며 수행능력이 최적의 상태를 유지해 생산성도 높은 상태를 말한다. 즉 성가신 신체 증상이 없을 뿐 아니라 행복하고 낙관적이고 자기 일을 즐길 줄 아는 사람을 뜻한다. 70대 후반이나 80대에 들어서도 여전히 활동적이고 건강하고 생산성도 높은 상태.

그들은 왕성하게 연구하고 학생들도 가르치고, 환자도 진료하고 대규모 국제 연구에도 활발히 참여하고 전세계를 여행하며 꾸준히 연구발표도 계속할 수 있는 멜빈 같은 사람이다. 나이가 들어가면서 나이 속으로 함몰되는 것이 아니라 지금까지의 경험을 밑천 삼아 늘 호기심과 열정을 잃지 않고, 긍정적인 세계관을 가지고 있으며 타자와의 관계에 있어서도 편향되지 않고 사고가 나거나 배우자를 잃어버리는 비극적인 상황에서도 금방 회복할 수 있는 놀라운 능력을 지닌 사람. 우리 주변에 이렇게 최적의 건강을 지닌 사람이 얼마나 될까?

현행의 의료체제는 미국도 우리나라도 대부분 만성질환을 치료하지 못한다. 그저 '증상'만 치료하는데 급급하고 값비싼 진단기기로 검사하고 장기간 약물로 치료하기를 환자들에게 권장한다. 최적의 건강상태는 병원을 습관처럼 찾는 것도 아니고 원인도 모르면서 증상으로만 치료하는 것으로 얻을 수도 없다. 하나의 증상이 발현되기 시작할 때 다양한 생물학적, 환경적, 심리적 요인이 함께 거론되어야만 한다. 그러나 이런 소양을 지닌 의사가 얼마나 될 것이며 증상이 나타나기 전에 먼저 자신의 정서적, 정신적, 심리적, 환경적, 물리적 환경에 대하여 주의 깊게 들여다 보는 사람들이 몇이나 될까?

　에머런이 소개하는 다른 한 사람은 샌디다. 샌디는 십대인 딸 두 명과 살고 있는 성공한 직장인이다. 그녀는 자신이 위장이 조금 예민하지만 건강한 편이라고 생각해왔다. 그러나 최근 점점 더 쉽게 지치고 기운이 없고 잠을 자고 일어나도 피곤이 사라지지 않고 체중이 꾸준이 늘고 있음을 문득 깨달았다. 대부분의 직장인들이 겪는 증상일 수도 있다. 바로 이것을 에머런은 '질병 전 단계(predisease state)'라고 부른다. 이 단계는 건강하지 않은 것은 아니지만 충분히 건강하다고도 말할 수 없는 단계이다. 병원에 가서 혈액검사를 해보면 생화학적 증거는 없다. 하지만 늘 만성적인 스트레스에 시달리고 늘 걱정이 많고 스트레스에서 회복되는 시간도 오래 걸린다. 혈압은 높(아지)고 속쓰림부터 복부 팽만감, 불규칙한 배변이 지속되는 등 저강도의 만성적 소화불량을 겪는다. 수면도 늘 부족하다. 요통과 두통이 번갈아 나타나기도 한다. 그는 '질병 전 단계'는 생각 없이 일상적으로 사용한 몸이 마모된 결과로 작은 스트레스 요인이 반복되거나 지속적인 만성 스트레스를 겪으면서 시간이 흐를수록 커지는 적응 부하를 가리킨다고 말한다. 누구나 스트레스 없이 살 수는 없지만 회복력이 더딘 것이다. 이렇게 스트레스가 반복되면 뇌―장―미생물군 축에도 큰 영향을 미쳐서 장내 미생물군과 뇌의 연결이 전신 염증반응의 매개체로 작용하게 되는 것이다.

그는 이렇게 스트레스가 많을 때는 가능하면 '음식물을 섭취하지 말라'고 당부한다. 즉 '위로음식'을 먹지 말라는 것이다. 스트레스 상태에서 이를 완화시키기 위해 위로음식을 먹을 경우 뇌의 스트레스 회로가 상향 조절되는데 이것이 반복되면 뇌는 이렇게 상향 조절된 상태를 새로운 정상상태로 설정하고 결국 장의 염증 반응을 악화시키게 되는 것이다. 특히 스트레스 상황에서 동물성 지방 함량이 많은 위로음식을 먹는 행위는 장내 미생물군을 향해 직격탄을 쏘는 것과 같다.

만성 스트레스 상황으로 뇌가 피로를 느끼는 상태에서 동물성 지방을 먹어버리면 어느 순간 '질병 전 단계'에서 대사증후군이나 관상혈관 질환, 암, 퇴행성 뇌 질환 등 흔한 질병 상태로 빠른 속도로 진입하게 된다고 한다.

그렇다면 스트레스로 만성피로에 시달리는 '질병 전 단계' 상태인 샌디가 '최적의 건강'을 유지하고 있는 멜빈의 상태로 옮겨갈 수 있을까?

에머런의 대답은 '그렇다'이다.

그는 뇌—장—미생물군 축의 균형을 유지하고 확보하는 데 집중한다면 어느 누구나 최적의 건강 상태에 도달할 수 있다고 주장한다.

어떻게? 회복력을 끌어올림으로써.

어떻게 회복력을 끌어올릴 수 있을까? 내 몸 안에 건강한 장내 미생물군을 가짐으로써.

장내 미생물군을 교란시키지 않으려면? 항생제, 스트레스, 감염에 신경을 써야 한다. 즉 면역체계의 건강을 확보하기 위해서는 식습관, 생활습관, 환경을 개선함으로써 장내 미생물군의 조성을 건강한 상태로 유지할 수 있어야 한다. 건강한 장내 미생물군이 다양하고 풍부해야 한다. 인간을 둘러싼 자연 생태계와 인간의 장 속 미생물 군의 환경이 다르지 않다. 장내 미생물군이 높은 다양성을 유지한다는 것은 회복력이 높다는 뜻이고 낮다는 것은 교란에 대해 취약하다는 의미, 즉 쉽게 질병에 노출된다는 뜻이다.

조너선은 25세 청년으로 자폐스펙트럼장애를 진단받았다.

이 장애는 자폐증, 강박장애, 만성불안을 아우르는 말이다. 환자들은 대개 위장관 장애로 고통받는다. 복부팽만감과 동통, 변비를 수반한다. 조녀선의 복부팽만감은 몇 가지 광범위항생제를 처방 받은 후에 더 심해졌는데 이는 항생제로 인해 '변형된' 장내 미생물군이 조녀선의 위장관 질환에 중요한 영향을 미쳤다는 의미이다.

그는 글루텐 배제식단이나 유제품 배제식단 등 여러 식단을 시도해보았으나 지속적인 효과는 없었다. 조녀선의 음식 습관은 부정적인 결과를 예고하고 있었는데 그는 과일이나 채소는 질감과 향이 싫다는 이유로 거의 먹지 않았고 대신 팬케이크, 와플, 감자, 국수, 피자 등 '정제된' 탄수화물과 단백질 바, 붉은 고기와 닭고기를 좋아했다. 그의 이러한 식습관은 장내 미생물군을 '변형' 시켰다.

그의 장에는 유'해' 균의 비율은 높고 유'익' 균의 비율은 낮았다.

그는 오랫동안 비정상적인 식단을 통해 음식물을 섭취해왔고 따라서 당연히 불안과 스트레스로 고생할 수밖에 없었다. 이는 과민성대장증후군과도 유사한 증상이다. 내가 무의식 중에 집어먹는 음식들이 나의 감정과 건강과 직결되는 것이다.

캘리포니아 공과대학의 사르키스와 일레인 연구팀은 임신한 쥐에게 바이러스 감염과 유사한 상태로 면역체계를 활성화하는 물질을 주입했다. 이 어미 쥐의 새끼들은 불안 유사 행동, 전형적인 반복 행동, 손상된 사회적 상호작용 등 자폐스펙트럼환자와 유사한 행동을 보였다.

칼텍 연구팀은 장내 미생물군 조성의 불균형, 심해지는 장 누수, 장 면역체계 활성의 극대화 등 어린 쥐의 장과 장내 미생물군이 '변화'한 것을 발견했다. 연구팀은 자폐스펙트럼장애 어린이의 소변에서 발견된 대사산물과 매우 유사한 대사산물을 어린 쥐에게서 발견했다. 이 대사산물을 면역체계가 활성화되지 않은 어미에게서 태어난 건강한 새끼 쥐에게 주입했더니 면역체계가 활성화된 어미 쥐에서 태어난 새끼들처럼 비정상적인 행동을 나타냈다. 또한 비정상인 쥐의 대변을 정상인 무균 쥐에게 이식하면 똑같이 비정상적인 행동을 보였다. 즉 비정상적인 쥐에게서 이식된 대변이 대사산물을 생산해 이 물질이 뇌에 전달되어 건강한 쥐의 행동을 바꾸었다는 결론이다.

먹는 것을 바꾸고 생활습관을 바꾼다는 것은 말처럼 쉬운 일이 아니다. 내 몸과 마음과 뇌에 껌처럼 붙어 있어서 떼어내기가 쉽지 않기 때문이다. 또한 이러한 식습관은 태어나 초기 단계에 고착되는 경향이 있다고 한다. 이후 18세까지는 심리사회적 영향, 식단, 음식 속 항생제, 식품첨가물, 인공감미료 등 화학물질의 상호작용이 뇌—장—미생물군의 상호작용에 막대한 영향을 미친다.

이 때의 변화는 평생 동안 지속된다고 한다. 또한 이때의 장 감각(gut feeling)은 뇌의 데이터베이스에 저장되어 평생 한 인간의 배경 정서가 되고 기질이 되고 유용한 직감을 만들어나간다고 한다.

음식이 내 몸 안에 들어와 감정에도 영향을 미치고 뇌에도 영향을 미치며 감각에도 영향을 미치고 기질까지 만들어 간다. 얼마나 무섭고 놀라운 사실인가?

성인기가 되면 우리가 먹고 느끼는 것 모두가 장내 미생물군과 면역세포, 호르몬 함유 세포, 세로토닌 함유 세포, 감각신경 말단 등과 나누는 화학적 대화에 심오한 영향을 미친다고 한다. 이것은 다시 뇌로 신호를 되돌려 보내 먹고 싶은 욕망, 스트레스 민감도, 감정, 직감에 따른 의사결정 등에 중대한 영향을 미치게 된다. 음식이 만들어 내는 오케스트라다.

어떤 음식을 내 안에 들이느냐에 따라 장내 미생물군의 다양성과 회복력은 올라갔다 내려갔다. 음식은 장에게도, 장 속의 미생물군에게도, 결국 뇌에게도 결정적으로 중요한 요소이다. 따라서 퇴행성 뇌질환을 예방하려면 조금이라도 더 젊을 때, 동물성 지방을 줄여야 한다. 과식하지 말아야 한다. 항생제, 유화제, 방부제, 정제 소금, 정제 설탕이 든 음식들을 끊어야 한다.

몸은 하나의 예술작품이다. 어느 하나를 해결한다고 온몸이 건강해지는 것이 아니다. 플룻도 바이올린도 트럼펫도 피아노도 첼로도 각기 제가 맡은 분야를 훌륭하게 소화해야만 한 곡의 작품은 아름다운 연주를 완성할 수 있는 것이다. 내 몸이라는 오케스트라의 지휘자는? 나다. 내가 결정한다. 무엇을 먹을지 어디서 먹을지 누구와 먹을지 혹은 먹지 않을지 이 모든 것들을 결정한다.

내 몸의 주인은 나 자신이지 습관이 아니며 혀가 아니다. 우리는 혀에 익숙한, 말하자면 3세 이전에 구축되었거나 18세 이전에 구축된 습관적인 삶의 방식을 나이가 들어가면서 개선하고 발전시키는 것이 아니라 고착시키는 경향이 있다. 시간이 지나 나이가 들어감에 따라 늙어가고 낡아간다.

풍요로운 음식 문화 속에서 살면서 배가 부르게 먹고서도 늘 약을 끼고 살고 병원에 가는 것을 당연하다고 여긴다. 삶의 질이라는 것은 많이 먹는 것에 있지 않다. 먹고 싶은 것을 배불리 먹는 것에 있는 것이 아니다. 혀가 아니라, 습관이 아니라 몸을 위하여 마음을 위하여 정신을 위하여 영혼을 위하여 먹어야 한다. 그래서 내가 먹는 이 음식이 나의 영혼을 맑혀야 하고 세상을 밝혀야 한다. 인간의 몸과 혀를 위하여 다른 종족의 몸에 항생제를 들이붓고 방부제를 들이붓고 성장촉진제를 들이부어 괴물로 만들어 놓고 그 괴물을 먹는다. 괴물을 먹으면서 인간이기를 바라는 것. 괴물을 먹으면서 건강하기를 바라는 것. 질병을 먹으면서 최적의 건강을 바라는 것은 과도한 욕심이다. 이제 우리는 먹거리에 대한 성찰의 순간을 외면해서는 안 된다. 먹기 위해서 사는 것이 아니라 살기 위해서 먹는 것이다. 인간으로서 인간다운 품위를 유지해야 한다. 인간들이 게걸스럽게 먹는, 공장화된 시스템 체제하의 동물성 지방들은 사실 동물성 지방이 아니라 질병 그 자체이며 인간성 상실 그 자체이다.

  메이어는 장내 미생물군은 농장이고 미생물은 농장에서 기르는 동물이라 생각하면서 무엇을 먹여야 다양성, 안정성, 최적의 건강 등을 확보할 수 있을지 생각해 보자고 제안한다. 이들에게 해로운 화학물질이나 건강을 죽이는 첨가물 가득한 음식을 먹일 때마다 멈추고 생각해보기를 바란다. 패스트푸드라는 쓰레기음식을 내 안에 들이고 달콤한 디저트에 대한 유혹에 빠질 때마다 농장의 동물들은 아프다. 동물성 지방이나 가공 식품은 독이다. 지방 함량이 높은 육류가공품은 유방암, 대장암, 전립선암 등 각종 종양의 보고이다. 뇌 건강에도 적이다. 이 음식들은 인간신경계의 기능과 구조를 바꿔버린다. 질병덩어리 몸으로 바꾸는 것이다.

   모든 것은 음식으로부터 시작된다.*

> 동물은 여러 지역에서 끌어 모은 다양한 요리가 가득 차려진 식탁에 앉아 먹지 않는다. 그들은 한 번에 한 가지 것을 먹으며, 그러므로 절대 과식하지 않는다. 오늘 풀과 물을 먹고 내일도 풀과 물을 먹는다. 사는 동안 늘 그런 식으로 먹지만, 완벽한 건강 상태를 유지한다.
>
> —닥터 라인홀트*

9. 물, 자연이 주는 최상의 묘약

물이야말로 진정 하늘이 인간에게 주는 선물이다.

간단한 치료법이 있는데도 복잡한 해결책을 찾아 동분서주하는 게 우리 인간들이다. 발병은 상식을 벗어났기 때문에 그 결과로 나타나는 것이다. 원인은 먼 곳에 있지 않다. 증상이 나타나면 증상에 대한 '원인'이 반드시 존재하게 마련이다. 눈에 보이는 것이 전부가 아니다. 약은 애초부터 질병의 완치에 그 목적이 있는 것이 아니라 증상을 완화시키는데 도움을 줄 뿐이다. 이 단순한 사실은 의료산업의 번성으로 이어진다.

'약은 질병을 완전히 퇴치하지 못·한·다.'

대학병원과 연구기관은 제약회사와 의료기회사에 상당부분의 재정을 의존해왔다. 기업은 이익을 창출해야 한다. 각종 '의료기기'의 개발로 기술 위주의 발전을 이루었으나 이는 또한 의료비의 추가 상승을 요구하는 결과로 이어진다. 발병하는 순간 엄청난 치료비를 감당해야 하는 것. 바로 이 지점에서 우리는 뱃맨겔리지 박사의 주장에 귀 기울여야 한다. 그는 말한다. "인체는 물이 부족하다고 느끼는 순간 탈수와 갈증을 나타내는 여러 가지 복잡한 신호를 내보낸다."

뱃맨겔리지 박사는 런던에서 의과대학을 졸업하고 모국인 이란에서 의사 생활을 시작했다. 이란의 열악한 의료시스템에 한계를 느끼고 의료복합시설을 지었다가 혁명정부의 미움을 사 감옥에 수감되었다. 어느 날 감옥에서 한 사람이 극심한 복통을 호소했다. 약을 가지고 있지 않았던 박사는 그에게 물 두 잔을 먹였다. 그런데 신기하게도 극심하던 통증이 8분도 지나지 않아

씻은 듯 사라졌다. 그는 이를 계기로 소화기 궤양에서 물의 효능을 발견, 물에 관한 연구로 남은 인생을 바쳤다. 몸의 기본적인 원리를 들여다보면 약물 위주의 치료가 아닌 진정으로 몸이 요구하는 것이 무엇인지 알게 된다. 바로 탈수 현상이 가져오는 수많은 증상들과 그것들을 무시했을 때 발병하는 수많은 질병들. 뱃맨겔리지 박사는 이렇게 말한다.

"아픈 것이 아니라 단지 물이 부족할 뿐이다."

뱃맨겔리지는 요구한다. 물의 의학적 효과에 대하여 연구하라. 알약을 삼킬 때 함께 먹는 물이 바로 보약이다. 물을 꾸준히 마시지 않는 사람의 몸 상태를 연구하라. 퇴행성 질환의 많은 원인이 수분 부족 때문이라는 사실을 연구하라. 물을 충분히 섭취하지 않을 경우 병에 걸릴 수도 있다는 사실을 연구하라.

"아픈 것이 아니라 물이 부족할 뿐이다."
그는 물이 몸의 모든 일상적 활동을 주관하는 일차적 물질이자 주도적 인자라고 말한다. 탈수로 인하여 질병이 생길 수 있다는 사실은 대단한 발견이다. 물이 인체에 중요하다는 사실을 모르는 사람은 없지만 물을 충분히 공급받지 못할 때 인체가 어떤 반응을 보이는지에 대해서는 충분히 아는 사람도 없다. 심지어 대부분의 의사들도 모른다. 모르기 때문에 환자들에게 알려줄 수도 없다. 그들은 인체 내의 물의 화학적 기능에 대한 이해가 없다. 배운 적이 없기 때문이다. 탈수는 인체기능의 손상을 유발한다. 현재의 불완전한 증상 위주의 치료 관행은 반드시 고쳐져야 한다.

인체 내의 물 관리시스템은 매우 복잡하다. 인체의 모든 기능은 물의 저장량에 따라 조정된다. 물은 '스트레스'를 처리하는 주요 기관에 먼저 공급된다.

뇌는 몸무게의 50분의 1을 차지하고 있으나 전체 혈류량의 18~20%를 공급받는다고 한다. 인체가 보유한 물의 조절과 분배의 '책임자'인 뇌의 활동이 증가하면, 뇌는 물이 부족하다는 응급신호를 보낸다. 이 응급신호가 제대로 수신되어 물이 공급되지 않으면 탈수 현상이 나타난다.

차, 커피, 술, 음료수 등은 물을 대체할 수 없다. 물 이외의 음료에는 탈수를 일으키는 성분도 포함되어 있기 때문에 이들은 몸 안에 저장된 물까지 고갈시킨다. 현대인들의 음료에 지나치게 의지하는 습관은 습관적인 탈수 현상으로 이어질 수밖에 없다. 탈수는 인체의 기능을 손상시킨다. 이 갈증신호는 원인불명의 질병의 증상으로 오인된다.

바로 이 부분이 의학이 왜곡시킨 가장 기본적인 실수라고 뱃맨겔리지는 지적한다. 탈수 초기에는 탈수를 막아주기만 하면 된다. 즉 충분한 물을 공급받으면 인체는 정상적으로 운용될 수 있다. 그런데 바로 이때 이 물 부족 현상을 약으로 '부'적절하게 다루는 순간 병리적 증상이 나타나고 질병으로 이어지며 또 다른 합병증에서 합병증으로, 결국 질병으로 사망했다고 오인하게 되는 결과에 이른다. 탈수의 다양한 신호를 약으로 처방하면 일시적으로는 효과가 있는 듯하지만 이는 환자의 '세포'에 즉각적으로 해로운 영향을 미친다. 만성탈수상태가 고착되면 환자의 직계 후손에게도 영구적인 피해를 줄 수 있다고 그는 말한다.

인체는 25%의 고형물질(용질)과 75%의 물(용매)로 이루어져 있고 뇌조직은 85%가 물로 구성되어 있다고 한다. 인체 연구 초기에는 용질이 인체기능을 화학반응으로 조절하므로 물은 빈 공간을 채우는 충전물, 운반수단의 역할만 한다고 생각했다. 용질이 조절자이며 용매는 단순한 운반수단이고 물의 역할이 그렇다고.

물은 언제 어디서나 구할 수 있고 비용을 치를 필요가 없으므로 물은 중요하지 않다?

뱃맨겔리지는 3천 명 이상의 소화기궤양 환자를 물로 치료했다. 그는 의학계 사상 최초로 고질적 질병인 궤양이 '탈수병'과 유사하다는 사실을 발견했다. 지금까지 '갈증'은 물이 부족하다는 단순한 신호로 인식되어 왔으나 사실 '목이 마른' 것은 물이 극도로 부족한 상태에서 인체가 밖으로 내보내는 최·후·의·신·호·라는 사실을 발견했다. 탈수는 신체가 내부에서 손상을 입·고·있·다·는 신호이다. 그는 괴혈병의 비타민C 결핍증, 각기병의 비타민B 결핍증, 빈혈의 철 결핍증, 구루병의 비타민 D 결핍증 등의 결핍을 치료하는 가장 효과적인 방법은 결핍된 성분을 보충하는 것이라고 지적한다. 즉 만성탈수의 합병증을 인정한다면 이러한 합병증의 예방과 조기치료는 더욱 간단해질 것이라고 본다.

그는 만성탈수가 원인불명으로 알려져 왔던 주요 퇴행성질환의 근원이라고 주장한다. 원인불명. 의대 교과서에는 천 페이지 이상 주요 질병들이 나열되어 있는데 그 질병들의 원인은 늘 이렇게 쓰여져 있다고 한다. '원·인·불·명'

즉 그들은 알지 못하는 것이다. 수많은 질병의 원인들을. 그런 상태에서 겉으로 나타나는 증상만을 치유하려 든다. 이런 비논리적이고 비상식적인 관행에 대하여 의사 쪽에서도 환자 쪽에서도 이의를 제기하지 않는다. 길들여졌기 때문이다. 질문 없음. 원인 불명임.

뱃맨겔리지는 새로운 패러다임을 제시한다. 그가 제시하는 새로운 과학적 진실이란?

기존의 의학적 진실은 신체의 조절자는 용질이 주체였다. 그러나 아니다. 그렇지 않다. 용매에 녹아 있는 용질의 활동을 포함, 모든 신체기능 조절의 주체는 용질이 아니라 바로 용매인 '물'이다. 모든 초점을 인체 내의 물의 양과 흐름에 맞춰야 한다. 인체의 수분대사에 장애가 생기면 인체는 물 공급과 배급 시스템에 문제가 있다고 '다양한 신호'를 통해 우리에게 알린다. 인체의 모든 기능은 원활한 '물의 흐름'이 좌우하고 조절한다. 물이 충분해야 한다. 물이 충분하면 물이 부족하여 제대로 기능을 하지 못했던 부위의 물리적, 화학적 조절활동이 활발해지기 시작한다. 세포의 기능과 부피는 우리가 마시는 '물'로 유지된다. 따라서 매일 마시는 물의 양이 줄어들면 세포활동에 지대한 영향을 미친다. 갈증을 느낄 때 차, 커피, 알코올 함유 음료를 마셔서는 안 된다. 탈수 현상을 부추기는 성분이 함유되어 있기 때문이다. 인체는 물을 여분으로 저장할 수 있는 저장고가 없다. 따라서 몸 안의 물은 우선순위에 따라 배급되고 부족하면 탈수현상을 일으키는 것이다. 꾸준히 물을 마심으로써 부족한 물을 보충해 주는 것이 인체의 원활한 활동을 위하여 필수적이며 이는 보약을 꾸준히 복용하는 것과 같은 효과를 불러온다.

갈증 신호를 중증 질병의 증상으로 오인하여 각종 약을 복용하거나 다양한 진단 검사를 받는다. 이러한 관점은 반드시 전환되어야 한다. '관점 전환'만 수용하면 모든 통증은 물 섭취량을 늘리는 것으로 치료할 수 있다고 그는 말한다. 만성통증으로는 위통, 류마티스 관절통, 협심통, 요통, 간헐적 파행, 편두통, 숙취 두통, 하복통, 변비 등이 있다. 이러한 통증에 진통제나 항히스타민제, 제산제 등과 같은 진·통·억·제·제를 복용한다. 만약 이런 약들을 복용해야 한다면 며칠 동안이라도 하루에 1.5~2리터 이상의 물을 마셔둬야 한다. 물 섭취량을 늘리지 않고 진통제를 복용하면 인체에 전신의, 또는 국소 손상이 발생해 돌이킬 수 없는 질병으로 악화될 수 있다고 그는 경고한다. 또한 이미 통증이 수년 동안 지속되어온 상태라면 물로 통증을 치료할 때 신장이 감당할 수 있는지 체크해야 한다. 말하자면 물 섭취량이 증가한 만큼 반드시 소변량도 증가해야 한다.

'탈수가 통증을 유발한다'는 주장은 새로운 패러다임이다. 이전과 전혀 다른 관점. 이러한 새로운 패러다임은 탈수를 강제적으로 '잠재우는' 진통제를 거세하고자 한다. 진통제는 치명적인 부작용을 가지고 있다. 진통제는 겉으로는 일시적으로 통증을 완화시키는 것처럼 보이지만 원인이 되는 탈수 현상을 제대로 들여다보지 않았으므로 인체의 손상은 점점 더 심각해질 수 있다. 진통제의 가장 흔한 부작용은 소화기 출혈이라고 한다. 사실 매년 수천 명의 사람들이 과다한 진통제 복용 후 소화기 출혈로 죽어간다. 1994년이 되어서야 처방전 없이 판매되는 일상적인 진통제가 간 손상과 신장 손상을 유발해 사망에 이를 수 있다는 사실이 밝혀졌다.

위통은 인체의 가장 중요한 신호로 위가 아프다는 것은 인체에 물이 부족하다는 신호로 받아들여야 한다고 뱃맨겔리지는 지적한다. 위통은 연령과 관계없이 나타난다. 습관적으로 물을 적게 마시는 경우는 탈수 증상을 차곡차곡 쌓아가는 것이다. 질병은 갑자기 발병하는 것이 결코 아니다. 그것은 자그마한 습관들이 조금씩 쌓여서 거대한 산을 이루는 것이고 그러한 습관들의 결과물이 바로 온갖 종류의 이름을 가진 질병이다.

물의 섭취를 날마다 조금씩 늘리는 것이 가장 빠른 치료법이다. 위통 중에서도 위염, 십이지장염, 속 쓰림 등에서 발생하는 통증은 바로 물 섭취를 늘리는 것이 가장 기본적인 치료법이다. 또한 통증이 궤양을 유발한다면 궤양부위의 조직회복을 도울 수 있는 식이요법이 동반되어야 한다. 내시경을 통해 보이는 소화기의 상태에 따라 다양한 병명이 붙여지는 것일 뿐 중요한 것은 각 환자들의 통증 자체이다. 말하자면 많은 병명들의 공통점은 바로 위통인 것이다. 뱃맨겔리지는 말한다. 소화기의 국소적인 조직이 변화하는 이유는 바로 초기 탈수로 인한 증상일 뿐이라고.

그는 다양한 병명을 가진 3천 명 이상의 환자들을 물만으로 치료한 경험을 가지고 있다. 그의 환자들은 모두 물 섭취량을 늘리자 반응을 보였고, 위통의 임상적 문제들이 곧 치료되었다.

그는 말한다. "몸이 위급하게 물을 찾는 단계에 이르면, 어떤 것도 물을 대신할 수 없다."

그가 치료한 환자 중에 수년 동안 소화기궤양으로 고생하던 청년이 있었다. 그는 십이지장궤양이라는 진단을 받아 제산제와 시메티딘을 복용해왔다. 그는 너무 심한 통증으로 반쯤 의식을 잃을 정도에 이르기도 했다. 그는 통증을 완화시키기 위해 시메티딘 3알과 제산제 1병을 통째로 먹기도 했다. 그러나 그럼에도 통증은 점점 심해졌고 10시간 동안 통증에 시달리기도 했다. 대부분 이런 환자들은 결국 외과의사의 수술대 위에 올라가는 것을 당연한 수순으로 받아들인다. 뱃맨겔리지는 '그만의 약'을 처방했는데 그것은 바로 500밀리리터의 물을 두 잔 가득 먹도록 하는 것이었다. 청년은 통증에 시달리면서도 '약'이 아닌 '물'을 주는 의사를 반신반의하는 눈빛으로 쳐다보았다. 그러나 청년에게 대안은 없었다. 뱃맨겔리지는 15분 후 통증과 신음소리가 줄어든 환자에게 다시 250밀리리터의 물 한 컵을 건넸다. 놀랍게도 몇 분 후 청년의 통증은 완·전·히 사라졌고 의식을 되찾기 시작했다. 최신 약을 복용하고도 통증에 신음하던 환자가 단지 석 잔의 물로 불과 20분만에 통증이 완전히 가라앉았다.

뱃맨겔리지는 인체의 갈증신호 강도에서 뇌가 차지하는 부분을 설명한다. 통증에 대하여 진통제를 투여해도 어느 특정 수준에 도달하면 말초신경에 작용하는 진통제는 효과가 없어진다. 그러므로 청년이 제산제를 투여해도 통증이 줄어들지 않는 것이다. 하지만 '물 섭취' 이후 뇌는 몸에 충분한 물이 보충되었으므로 갈증신호 송신을 중지하라고 확실한 메시지를 보낸다. 그러면 통증이 완화되거나 사라진다.

하루는 뱃맨겔리지가 병원 당직 근무 중에 두 사람이 한 환자를 부축하고 들어왔다. 환자는 통증이 너무 심해 걷지도 못했다. 그 또한 소화기궤양 환자였다. 뱃맨겔리지는 천공 여부를 검사한 후, 물을 가득 담아 마시게 했다. 그는 석 잔의 물을 마시고 통증이 사라졌다.

그렇다면 위통은 왜 생기는 걸까?

우리가 물을 마시면 물은 즉시 소장에서 흡수된다. 그러면 30분 이내에 거의 같은 양의 물이 위 점막 분비선을 통해 위로 분비된다. 물은 위 점막 하층에서 위로 들어가 음식물을 분해한다. 딱딱한 음식은 많은 양의 물이 있어야 소화가 가능하다. 위산이 음식물에 쏟아지고 효소가 활성화되면 음식물은 액체상태로 분해되어 소화의 다음 단계인 소장으로 넘어간다.

위의 가장 하부층인 점막의 선층은 점액으로 덮여 있는데 이 점액은 98%의 물과 물을 잡아두기 위한 2%의 구조물로 이루어져 있다. 점액 상태의 이 '수분층'은 자연스러운 방어막을 형성한다. 이 수분층은 점막 아래 중탄산나트륨을 함유하고 있다. 위산이 수분층을 뚫으려 하면 중탄산나트륨은 위산을 중화시킨다. 중탄산나트륨의 나트륨과 위산의 염소가 염화나트륨, 소금을 만든다. 소금의 양이 너무 많으면 수분층의 물을 잡아두는 기능이 떨어진다. 위산이 너무 많이 중화되고 염화나트륨이 점막층에 너무 많이 쌓이면 위산이 점막층을 통과하는 것을 막을 수 없어 그 결과 통증이 생기는 것이다. 따라서 통증을 완화시키려면 물이 충분한 상태를 유지하면 되는데 물이 충분하면 점막은 두텁고 끈끈해져서 자연스럽게 위산에 대한 방어막이 형성되기 때문이다. 따라서 특히 소화되기 힘든 음식물이 위로 들어가 위산의 분비를 촉진하기 전에 물을 미리 마셔두는 것은 매우 건강에 좋은 습관이다.

그는 배고플 때 느끼는 통증 신호처럼 갈증 통증 신호도 있다고 한다. 이 갈증 통증을 소화불량으로 인식, 약으로 치료하려하기 때문에 탈수에 대처하는 신진대사에 의해 십이지장이나 위의 조직이 손상을 입는다.

스웨덴에서 한 실험을 했다. 궤양 없는 위통 환자에게 위약(가짜약)과 제산제나 항히스타민제를 복용했다. 결과는 모두 같았다. 즉 제산제나 효능이 강하다는 어떤 약도 그다지 효과가 없더라는 것. 이제 조금 이해가 되었을까? 몸이 탈수신호를 보내고 있을 때 우리가 환자라면 우리는 스·스·로 어떤 약이든 복용하지 않도록 유의해야 한다. 우리는 감기만 걸려도 호들갑을 떨면서 약을 먹거나 병원에 입원하거나 온갖 검사를 받는다. 감기가 만병의 근원이라는 것이다. 하지만 만병의 근원은 그 사람이 가진 '생활습관'이고 병을 바라보는 '태도'이며 '운동부족'이고 '물 부족'이다. 물은 통증을 완화시키는 데 가장 효과적인 유일한 '약'이다. 물을 섭취하면 통증을 완화시킬 수 있다. 자연스럽게 저절로 치유된다.

그는 알츠하이머의 일차적 요인도 인체의 만성탈수라고 본다. 뇌세포의 탈수가 문제인 것이다. 탈수상태가 길어지면 뇌세포는 자두가 말라가는 것처럼 쪼그라든다. 탈수상태가 되면 신경물질을 신경 끝까지 전달하는 운반기능을 포함, 뇌세포의 많은 '기능'이 상실된다. 뱃맨겔리지 박사의 의사 친구에게는 알츠하이머를 앓는 동생이 있었다. 의사 친구는 뱃맨겔리지의 조언에 따라 매일 더 많은 물을 마시게 했다. 이제 그 동생은 기억을 되찾기 시작해 대화가 가능할 정도로 상태가 좋아졌고 말을 반복하는 횟수도 줄어들었다고 한다.

불과 몇 주 만에 단지 충분한 물을 복용하는 것만으로도.

물을 꾸준히 마시는 것만으로 복부 아래 하복통도, 변비도, 열공탈장도, 협심증도, 류마티스 관절염 통증도, 소아형 관절염도, 요통도 편두통도 통증과 조금씩 거리를 넓힐 수 있다.

한 환자는 뱃맨겔리지에게 이렇게 편지를 남겼다.

"책이 도착했을 때, 저는 읽고 또 읽었습니다. 그리고 물에 대한 새로운 내용을 알게 되었으며, 저의 물 마시는 습관이 잘못되었음을 깨닫는 즉시 습관을 바꾸었습니다. 두통을 직접 경험해보지 않은 사람은, 두통이 사라졌을 때의 기쁨을 상상도 하지 못할 것입니다. 매일 같이 두통에 시달리는 생활을 하다가, 두통으로 '자리에 눕지' 않아도 되고, 하고 싶은 일을 마음대로 할 수 있는 생활을 되찾은 것이 얼마나 기쁜지 알 수 없을 것입니다."

그는 '사회적 스트레스'—두려움, 불안감, 불안정, 고질적인 감정 문제—와 연관된 것으로 오인되는 우울증도 사실은 심각한 물 부족의 결과로 본다. 뇌는 에너지생산 펌프의 수력이 만들어내는 전기적 에너지를 사용한다. 물이 부족하면 바로 이 뇌 안의 에너지 생산량이 떨어진다. 이렇게 뇌기능이 저하된 상태가 우울증이다. 탈수 상태는 스트레스 상태의 생리적 반응이 나타난다. 스트레스 상황에는 인체의 필수물질들이 소모된다. 이 과정에서 엄청난 물 에너지를 요구한다. 그 결과 탈수상태에 빠지면 스트레스가 유발되고 스트레스는 탈수를 더욱 악화시키는 악순환이 반복되는 것.

우리의 몸은 하루에 최소한 240밀리리터 컵으로 6~8잔의 물을 절대적으로 필요로 한다고 한다. 술, 커피, 차, 카페인 함유 음료 등은 절·대·로·물을 대신할 수 없다. 갈증은 풀어줘야 한다. 식사 1시간 전, 매 식사 후 2시간 반이 지났을 때, 식사량이 많을 때는 양을 늘리고 취침 전 2잔을 더 마신다. 물 섭취량을 늘리면 갈증 감지시스템이 더욱 정밀해진다. 식사 전후의 많은 양의 물은 소화로 인해 혈액이 농축되는 것을 막아준다. 진한 혈액은 세포 외 공간의 물을 빼앗는다. 물은 가장 저렴한 '약'이며 탈수 치료제이다. 가득 찬 물 한 잔은 어떤 보약보다 더 효능이 좋은 마법의 천연 치료제이다. 꾸준하고 부지런히 날마다 충분한 물을 마시자.*

> 어머니는 시각과 청각, 촉각, 환상, 영감으로 음식을 만들었다. 어머니는 평생 요리책을 들여다본 적이 없었다. 어머니의 요리책은 당신의 마음과 머리와 민첩한 손놀림이었다. 어머니는 철학과 인간 본연의 성품으로 요리했다. 일을 마치고 잔뜩 허기져서 돌아와 어머니를 쳐다보는 그 눈길을 염두에 두고 요리했다.
> —메인의 대들보*

10. 각성의 밥: 각성#에 대하여

우리 몸의 유전자는 태초까지 거슬러 올라간다고 한다. 생명이 시작된 이래 과거의 모든 생명체가 진화하면서 남긴 유산이라는 것이다. 한 인간의 유전자 속에는 과거의 모든 기억들이 담겨 있다. 나는 그냥 일 개인으로서의 내가 아닌 우주적인 유기체로서의 한 존재이다. 말하자면 모든 것은 미세하게 세밀하게 그리고 정교하게 모두 연결되어 있다. 나와 네가 연결되어 있고 너와 그가 연결되어 있고 그와 그녀가 연결되어 있고 내가 먹은 돼지고기와 내가 연결되어 있으며 장 속에 사는 수백억 개의 셀 수 도 없는 장내 미생물군과 연결되어 있다. 나는 내 눈앞을 재빠르게 지나가는 저 바퀴벌레와 연결되어 있고 온몸을 오그리고 몇 개의 실선으로 남은 거미의 주검과도 연결되어 있다. 나는 흘러가는 저 구름들과도 연결되어 있고 구름이 비가 되고 눈이 되어 내릴 때 느껴지는 온갖 과거의 추억과도 연결되어 있다. 나는 이미 죽어 흙이 되어버린 숱한 우리 조상들과 연결되어 있고 아직 도래하지 않은 나의 후손들과도 연결되어 있고 19세기에 살았던 니체와도 쇼펜하우어와도 긴밀하게 연결되어 있다. 나는 하이데거를 만나 그와 이야기를 나누므로 그와도 연결되어 있고 먼 곳에 있지만 같은 시간, 다른 공간을 점하고 있을 수많은 사람들과 연결되어 있다. 이렇게 모든 것이 연결된 사회, 초연결성의 시대가 제4차 산업혁명의 특징이라고 한다. 제4차 산업혁명은 초연결성의 사회이며 초 지능화된 사회가 될 것이라고 학자들은 예견한다. 그러나 우리가 제3차 산업혁명이니 제4차 산업혁명이니 중얼거리기 훨씬 이전에 생명은 이미 연결의 고리 없이 존재할 수 없으며 고도의 지능을 가지고 면면하게 이어져 내려와 지금 여기, 이 순간에 이르렀다. 그러니 제4차 산업혁명의 시대가 도래했다고 인간이 어딘가로 밀려날지 모른다고 전전긍

궁 고민하지 않아도 된다. 인간은 이미 초유기적 존재이기 때문이다. 인간의 지능이 우리를 만물의 영장으로 만들었다. 그러나 착각하지 마시길. 만물의 영장이라는 사실은 만물을 지배하라는 의미가 아니다. 만물을 가장 지혜롭게 운용할 자격이 주어져 있으니 상생하라는 것이다. 허투루 행동하지 말라는 의미이다. 이른바 경거망동.

우리는 어떤 의미에서 경거망동의 희생자인지 모른다. 그 첫 번째 희생자는? 바로 나 자신. 결국 인간이라는 종족 자신.

몸이 삶의 얼마나 귀한 도구인지 안다면 지금처럼 이렇게 음식이 지뢰밭이 되지는 않았을 것 같다. 아이스크림, 사탕, 과자, 붉은 고기들, 우유, 물, 땅, 하늘, 돼지, 소, 닭… 도대체 오염되지 않은 곳이 어디 있는가? 100년 전만 해도 숨쉬고 살 만했던 곳들이 지금은 귀하게 만날 수 있는 희귀한 장소가 되고 말았다.

인간이 만물의 영장이라면서 21세기의 우리는 여전히 비와 태풍과 지진과 쓰나미 등을 조절하지 못한다. 우습게도 조절하지 못할 뿐만 아니라 그것들을 기묘한 방향으로 틀어 새로운 위기 국면에 처한 것이 바로 인간들이다. 음식에 화학물질들을 주입하기 시작하면서부터 인간들은 온갖 다양한 질병들을 얻기 시작했다. 이전에는 이름도 알 수 없는 질병들이 창궐한다. 암이라는 이름의 신종 질병들은 이전에는 존재하지 않았던 것들이다. 그러나 이제는 감기처럼 흔한 것이기도 하다.

 이유가 무엇일까? 우리는 암이라고 하면 끔찍이 싫어하면서 왜 그 원인에 대해서는 생각하려고 하지 않는 걸까? 샤론 모알렘은 생명체의 얼키고 설킨 상관관계에 대하여 '반드시' 질문을 던져보아야 한다고 말한다.
 인간은 먹지 않고는 살 수 없다. 그것도 자주 먹어야 한다. 먹는 이유는 살기 위해서다. 살기 위해서 먹는데 사실은 죽기 위해 먹는 것 같은 생각이 들 때가 있다. 먹어서는 안 될 음식들이 우후죽순 늘어나고 있기 때문이다. 돈돈돈. 모든 것이 실용주의적 관점에 의하여 판단되고 재단되고 생산되고 소비된다. 천민자본주의 세상에서는 모든 것이 돈으로 환산된다. 돈으로 바꿀 수 없는 것은 무용지물이며 돈으로 환산되지 않는 것은 의미가 없다고 생각한다. 또한 돈을 만들어내기 위하여 음식에 장난을 치는 사람들이 폭발적으로 늘어난다. 삶은 부메랑이라 언젠가는 그것에 대한 대가를 자기 스스로 받을 테지만 그는 그렇다 쳐도 이유 없이, 아무런 죄 없이 많은 사람들이 죽어가거나 질병에 걸리게 만든다. 몸은 각성하지 않으면 건강하게 유지할 수 없다. 몸이 건강하지 않는데 마음이 늘 행복한 상태를 유지할 수 있을리 없다. 깨달아야 할 시간이다. 내가 지금 입에 넣으려고 하는 음식들에 대하여.

모임에 갈 때가 가끔 있다. 가족들로 보이는 이들이 눈에 띈다. 그들은 아름다운 옷, 편안한 표정을 짓고 있다. 아마도 경제적으로 부족함 없이 풍족한 가족 같다. 부모처럼 보이는 두 사람이 자녀인 듯한 두 아이와 마주보고 앉아 식사를 한다. 그들의 얼굴에는 사랑스러움과 뿌듯한 감정이 행복으로 빛나고 있다. 그들은 바라보는 아이들을 자랑스러워 하는 것 같다. 그들은 지금 식사 중이다. 그들의 식탁에는 음료수가 가득 든 피처가 있다. 그들이 먹는 음식은 유기농음식이 아니다. 수십 년 전이야 유기농이냐 아니냐를 생각하지 않아도 되는 소박한 삶이 가능한 때였다. 그러나 지금은 그렇지 않다. 지금 앉아 있는 곳은 패밀리 레스토랑이다. 이곳은 피자와 파스타, 그리고 스테이크 등이 제공되는 곳이다. 매우 고급한 인테리어로 보아 음식 가격도 만만치 않을 것이다. 아이들을 위한 놀이 공간은 당연히 마련되어 있다. 부모들은 자신의 자녀들에게 무엇이든 주고 싶어한다. 그들은 아이들에게 파스타를 먹이고 피자를 먹인다. 그리고 피처에 든 음료수는 점점 줄어든다. 이들이 맛있게 먹은 그 음식은 그들의 행복과 사랑만큼 건강하고 풍요로운 음식이었을까?

흰 밀가루로 만든 음식은 대개 쓰레기음식이다. 건물이 아무리 화려하고 인테리어가 아무리 아름답고 서빙하는 그녀와 그들이 아무리 멋져도, 주방에서 요리사가 세계적으로 유명한 사람이라고 해도, 레스토랑의 주인이 아무리 교양 있고 고상하고 우아하다고 해도 그 음식들은 쓰레기음식이다. 흰 밀가루는 표백제, 방부제 덩어리이다. 육안으로 보기에 화려하고 먹음직스럽고 심지어 아름답기까지 해도 그것은 자연에서 나는 진짜 꽃이 아니라 인공의 꽃일 뿐이다. 플라스틱으로 만든 인공의 꽃을 먹고 배가 아프지 않고 머리가 아프지 않은 게 자연스러울까? 꽃처럼 만든 꽃 아닌 꽃. 음식처럼 만든 음식 아닌 음식.

그 부모들이 아이들에게 '사랑'으로 먹인 콜라나 사이다 등의 음료수 속에 무엇이 들어 있는지, 그 음식들이 아이들의 위와 장 속으로 들어가 어떤 작용을 할 것인지 한 번 더, 두 번 더 들여다보지 않는다면 결국 부모의 사랑으로 자녀들에게 독약을 듬뿍 먹이고 있는 것과 다름 없음을 깨닫기란 요원하다.

필자 역시 부끄러운 과거를 갖고 있다. 어렸을 때 동네에 코카콜라 본점이 있었다. 거대한 코카콜라 공장은 환상적이었다. 그 까만 액체는 무척 매혹적이었다. 필자는 곧 그 맛과 사랑에 빠져 버렸다. 대학 때 학교 앞에서 시음회를 한 적이 있었는데 그때 필자는 코카콜라, 해태콜라, 8·15콜라, 펩시콜라를 눈을 가리고 맛만으로 정확히 구별할 수 있었다. 콜라를 너무 좋아해서 1.5리터를 원샷한 적도 있고 콜라에 밥을 말아 먹은 적도 있다. 호주로 배낭여행을 갔을 때는 색깔 별로 다른 콜라병을 보고 그렇게 행복할 수 없었다. 시간이 흘러 아이가 태어났다. 필자는 아이가 5살이 될 때까지 콜라를 그대로 마시게 했을 뿐더러 '말을 듣지 않으면 콜라를 안 줄 거야' 라고 협박을 한 적도 있었다. 그만큼 어린 다섯 살 아이에게 콜라는 가장 맛있는 음료였던 것이다. 하지만 어린 아들이 콜라가 세상에서 가장 맛있는 음식으로 인지하도록 유도한 사람은 무지하고 철없는 엄마였던 것이다.

필자는 15년 전에는 늘 몸무게가 43킬로 정도였다. 당시는 콜라를 입에 달고 살았고 붉은 고기를 무척 좋아하였던 때였다.

한 의사 선생님이 필자에게 말했다.

"건강해지고 싶어요? 건강해지고 싶다면 세 가지를 끊으세요. 지금 당장."

그가 끊으라고 요구한 3가지는 콜라와 육고기와 커피였다. 43킬로에 162센티미터. 저녁 6시쯤 되면 하루의 배터리를 다 써서 현기증에 시달렸다. 저녁이 되면 의욕이 생기지 않아 하고 싶은 일을 적극적으로 헤쳐나갈 수 없었다. 감기에 걸리거나 몸살이 나면 주변에 있던 사람들은 필자를 배려하고 아끼는 마음에 힘을 내려면 잘 먹어야 한다며 고기를 잔뜩 사주었다. 그러면 맛있게 먹었고 그러나 여전히 아프거나 병약한 건강은 회복되지 못했다. 그러니 건강하게 살려면 이런저런 것들을 '끊으라'는 의사선생님의 말을 들을 수밖에.

이후 필자의 삶은 성형 전과 후처럼 삶의 질이 달라졌다. 물론 그 과정에 하지 않던 운동도 꾸준히 하고 스트레스 요인을 줄이고 독서에 심취하는 등 다양한 것들이 삶에 개입되었지만 결국 가장 중요한 사건은 음식을 '더 먹는 것'이 아니라 '먹지 않는 것'이었다. 이 깨어남의 순간 이후로 몸무게는 49킬로그램 가량으로 늘었고 삶의 질 또한 향상되었다. 지금은 365일 아침

5시면 눈을 떠 하루를 부지런히 걷다가 자정이면 잠이 든다. 충분히 건강한 삶을 영위하고 있다. 먹거리에 대한 각성은 100세 시대의 나를 향후 건강한 미래로 이끄는 첫걸음이 되어줄 것이다. 끊어라. 끊을 수 없다면 줄여라.*

#03

실행

11 암이 좋아하는 두 가지 조건—저산소·저체온 · 195

12 과도한 단백질 섭취가 우리 몸을 죽이고 있다 · 212

13 먹기를 더디 하라—간헐적 단식 · 230

14 세상을 향해 외치는 생명의 소리를 들어라 · 248

15 실행의 밥: 실행#에 대하여 · 265

#3 · 실행

> 조리한 콩에서는 새싹이 트지 않는다. 조리는 파괴하는 것이요, 재로 만드는 것이다. 죽은 음식, 화장한 음식이 되는 것이다. 반면 생과일과 생야채는 햇빛으로 익힌 살아 있는 음식이다. 우리는 살아 있는 조직으로 구성된 산 음식을 먹어야 한다. 음식물 속의 살아 있는 조직과 인체의 조직 세포가 서로 에너지를 교환하면 건강을 주는 힘이 생긴다.
>
> —헬렌 니어링*

11. 암이 좋아하는 두 가지 조건—저산소·저체온

아보 도오루는 면역학을 전공한 의사다. 그는 부단한 연구를 통하여 인간과 질병의 다양한 발견을 해왔으며 그때마다 생명 세계의 문이 새롭게 열리는 것을 느꼈다. 그는 우리 몸을 지키는 면역세포인 백혈구의 작용이 자율신경의 작용과 밀접한 관계가 있다는 '백혈구의 자율신경지배 법칙'을 연구하다가 '병의 대부분은 스트레스에 의해 생긴다'는 단순한 진리에 도달한다.

그는 스트레스라고 불리는 것을 단 2가지로 압축한다. 이 2가지의 의미를 제대로 파악할 수 있다면 의사나 병원에게 강박적으로 집착하지 않고 스스로의 힘으로 자신의 질병의 원인을 파악할 수 있으며 따라서 치료에 대한 대책도 세울 수 있다고 생각한다.

인체는 다양한 활동이 절묘하게 균형을 이루고 있다. 이 생명 세계의 본질을 들여다볼 수 있다면 인체의 움직임이나 그 작용이 기적에 가깝다는 사실에 도달하게 된다. 또한 병에 걸리는 것은 생명 현상의 다양한 활동 중의 일부라는 사실을 깨닫게 된다.

눈앞의 질병에만 초점을 맞춰 증상 치료에만 집중하는 현대 의학의 관점은 지나칠 정도로 편협하다. 증상이 초점이 아니다. 원인이 초점이 되어야 한다. 질병을 발병시키는 '원인'이 있기 때문에 그 결과로써 '질병'에 도달하는 것이다. 원인을 파악할 수 있다면 증상 중심의 치료가 아닌 원인 중심의 치료로 옮겨갈 수 있으며 따라서 암을 포함한 현대의 숱한 이름의 질병들이 우리에게 어떠한 '질문'을 던지는지에 대하여 생각할 마음의 여유를 가질 수도 있다.

모든 병은 극복되기 위해 우리에게 주어지는 것이다. 병은 대부분 스트레스에 대한 반응이다. 병은 또한 기존의 생활방식의 편향에 대해서도 인식할 수 있는 대단히 좋은 기회이기도 하다. 예를 들어 가족력이란 한 집안의 편향된 생활 습관, 식습관에 많은 원인이 있을 수 있다.

아보 도오루는 의학 기술이 발달하는 현대사회에서 암환자가 줄어들기는커녕 오히려 증가하고 있다는 사실에 주목한다. 현대의 암 치료는 '수술, 항암제, 방사선' 이라는 3대 치료요법을 중심으로 진행된다. 이 세 가지 방법의 공통점이 있다. 증상을 일시적으로 억제할 뿐 '암의 발생 조건을 제거' 하는 데 목적이 있는 게 아니라는 사실. 따라서 재발을 막을 수 없다. 또한 치료 과정에서 주위의 정상 세포에 손상을 입혀 재발이 반복될수록 대항할 수 있는 힘을 점점 상실하게 된다.

인간이 왜 암에 걸릴까? 아보 도오루는 과로나 정신적 스트레스로 인한 혈류 장애, 즉 '몸·이·찬·것' 을 주요 원인으로 본다. 스트레스와 혈류장애의 합작품이 바로 암의 적정한 발생 조건이 되기 때문이다.

암은 몸의 오류 작용이 아니라 체계적인 '과정' 을 거쳐서 발생한다. 암은 발생조건이 갖춰졌기 때문에 겉으로 드러나는 것이다. 즉 어떤 오류로 인한 반작용이 아니라 반드시 일어나야만

하기 때문에, 정확한 이유가 있기 때문에 발생한다.

따라서 초점은 이미 발생한 암의 증상에 대한 치유가 아니라 암의 발생 조건을 이해하고 그 원인을 제거하는 데 맞춰져야 한다.

아보 도오루는 이 원인, 암의 발생 조건을 단 2가지로 집약한다.

1 저산소
2 처체온

즉 암은 스트레스 때문에 저산소·저체온 상태가 반복적으로 지속되면 우리 몸의 세포가 암화cancertion됨으로써 발생한다.

인간은 항온동물이어서 늘 일·정·한 양의 산소와 일정 온도를 필요로 한다. 이 조건이 갖추어지지 못하면 몸이 반응을 하게 되는데 이것이 바로 암세포이다. 말하자면 암은 저산소·저체온의 환경에서 몸이 스스로 살고자 하는 적응 현상인 것이다. 암은 일상 생활의 리듬이 반복적으로, 지속적으로 깨어졌을 때 나타나는 결과물이다.

그는 우리에게 질문을 던진다.

"암에서 벗어나고 싶은가? 혹은 질병으로부터 벗어나고 싶은가?"

병으로부터 벗어나고 싶다면 외부에서 그 원인을 찾지 말고 자신의 내부에 관심을 갖기를 그는 요구한다. 그는 암의 발생 원인이 저산소·저체온이 지속되기 때문이라고 말한다. 이러한 상황은 놀랍게도 늘 우리에게 일상적으로 발생하고 있다. 병의 진행은 우리가 일상적으로 맞닥뜨리는 사건들에서 출발한다. 일상이 습관적으로 계속되면 우리는 그 일상을 제대로 인식하지 못한다.

과로와 수면부족.

우리는 이 두 가지 습관을 버리지 못한다. 지나치게 장시간 일하는 것은 몸의 과부하를 가져온다. 너무 늦은 시간까지 깨어 있으면 다음 날, 맑은 정신으로 보내기 힘들다. 과로와 수면부족은 체온을 떨어뜨리고 산소 결핍 상태를 가져온다. 또한 과도한 스트레스는 혈류를 나쁘게 하고 호흡이 얕아지게 만든다. 이것이 바로 저산소·저체온 상태다. 충분한 휴식을 취한다면, 그리고 몸을 따뜻하게 한다면 이 상태에서 벗어날 수 있다.

 그러나 우리의 식습관은 이미 차가운 음식과 환경에 지나칠 만큼 노출되어 있다. 차가운 음료수, 차가운 술, 차가운 아이스크림, 차가운 음식, 차가운 물 등을 늘상 입에 달고 산다. 냉방기기는 우리에게 어떤 영향을 미칠까? 더운 여름날 우리는 대부분 냉방기기 앞에 앉아 있다. 냉방기기는 우리에게 더위를 식혀 주는 역할 외에 우리의 몸을 지속적으로 저체온 상태로 만들고 있다. 또한 제한된 공간 내에서 지속적인 냉방기기의 사용은 공기 속 산소를 잡아먹는다. 늘 산소가 부족한 상태가 만들어지고 있다.

 그러는 동안 우리의 체온은 알게 모르게 낮아지고 산소는 늘 부족한 환경에 일상으로 노출되는 것이다. 몸은 이러한 상태에 적응하기 위해 새로운 세포, 즉 암세포를 만들어낸다. 암의 발생 원인은 이렇게 복잡하지 않고 단순하다. 우리의 식습관이나 생활습관의 조화롭지 못한 상태가 지속적으로 반복되는 동안 우리의 신체는 저산소·저체온이라는 새로운 환경에 적응하기 하여 암세포를 만들어내는 것이다. 결국 암은 바로 우리의 '습관의 결과물'이다.

저산소・저체온이 되면 세포가 암화되는 이유는 무엇일까?

이를 이해하려면 세포 내 에너지 생산구조를 공부해야 한다. 우리가 먹은 음식물은 우리에게 영양소를 준다. 이 영양소를 통해 신체의 각 부분의 세포가 원활하고 건강하게 활동할 수 있다. 음식물로부터 섭취한 영양소와 호흡을 통해 얻은 산소는 세포까지 운반되어 활동 에너지로 바뀐다. 이 에너지를 통하여 우리는 생명을 유지하게 된다.

인간이 숨을 쉬고 음식을 섭취하는 것은 우리 몸의 60조 개나 되는 '세포'에 에너지를 공급하기 위한 것이며 이것이 우리 생명 활동의 기반이 된다. 이 에너지를 생산하는 과정은

1 해당계
2 미토콘드리아계

라는 2가지 과정이 있다.

해당계는 음식물에서 얻은 영양소를 에너지로 바꾼다. 포도당(탄수화물)이 원료이며 당을 분해하기만 하면 되는 단순한 체계여서 에너지를 바로 만들어낸다. 그러나 에너지를 신속하게 만들어내는 대신 양이 많지 않고 따라서 바로 소비된다.

세포 속 미토콘드리아라는 기관은 영양소에서 수소H를 빼내어 산소O와 결합하여 물H_2O을 만들어내는데 해당계와 달리 다량의 에너지를 만들어낼 수 있다.

  해당계는 혐기성(anaerobic, 산소를 싫어함)이고 미토콘드리아계는 호기성(aerobic, 산소를 좋아함)이다. 우리 몸은 이 두 시스템이 외부의 상황에 따라 다양하게 바뀌면서 환경에 적응한다.

  해당계는 무산소운동이고 미토콘드리아계는 유산소운동이라고 이해하면 된다. 무산소운동인 해당계는 단거리 달리기와 같이 단시간 재빠른 동작을 위해 필요하다. 전속력으로 달릴 때는 숨을 멈추게 되는데 바로 무산소 상태를 의미한다. 그러나 이 경우 바로 피곤해지는데 이유는 포도당이 분해되는 과정에서 피로물질인 유산이 만들어지기 때문이다. 따라서 지속력이 필요할 때는 해당계의 에너지가 미토콘드리아계로 바뀐다. 마라톤 선수에게 필요하다.

  순간적인 동작에는 미토콘드리아가 적은 백근(속근)이, 지속적인 활동에는 미토콘드리아가 많이 함유된 적근(지근)이 활용된다. 미토콘드리아를 많이 함유한 근육이 붉은 이유는 산소가 호흡효소에 포함된 철에 의해 운반되기 때문이다. 철은 흰색이지만 산소와 만나면 붉어진다. 유산소 운동이 몸에 좋은 이유는 적근으로 산소를 많이 운반할 수 있으므로 미토콘드리아의 에너지 생성이 활성화되기 때문이다.

인간은 적근(지속력=미토콘드리아계)과 백근(순발력=해당계) 양방의 근육을 균형 있게 갖춰야 건강하다. 탄탄한 근육질 몸매는 근육량이 증가해야 하는데 이때 근육을 구성하는 세포가 분열되어야 하고 이 분열은 무산소 상태에 일어난다. 중요한 것은 해당계와 미토콘드리아계가 균형적으로 작용해야 한다는 사실이다. 암세포도 분열에 의해 증식을 반복하는데 저산소·저체온 상태는 해당계 우위의 상태이다. 말하자면 해당계와 미토콘드리아계가 스트레스에 의하여 균형과 조화가 깨져 해당계만이 지속적으로 가동하게 되었을 때 암세포가 만들어진다는 것이다. 암은 이렇게 평·범·한·일·상·속에서 만들어진다.

암은 저산소·저체온 상태에서 분열을 계속한다. 그렇다면 암이 활동하기 쉬운 조건을 제거한다면 암 세포의 발생에 대한 예방은 충분히 가능하다. 암은 특별한 것이 아니다. 우리가 자각하지 못할 뿐 체내에서 매일 만들어지고 있다. 따라서 암이 걱정된다면 가장 먼저 해야 할 일은 나의 일상 생활을 점검하는 일이다. 스트레스를 완화할 대책을 강구한다. 몸을 따뜻하게 하고 천천히 호흡한다.

해당계를 과도하게 사용하면 산소가 결핍되고 유산이 쌓이면 피곤해진다. 고민만 한다고 문제가 해결되지 않는다. 적극적인 발상의 전환이 필요하다

병원에 가서 온갖 진찰과 검사를 한다고 암이 낫는 것은 결코 아니다. 그것은 일종의 시간 낭비일 수 있다. 중요한 것은 비싼 돈을 들여가면서 진단과 검사를 반복하는 것이 아니다. 생활 습관, 식습관, 삶을 바라보는 여유로운 태도 등 생활방식의 균형을 잡는 것이 가장 중요하다. 실제로 요즘은 '성인병'이라고 하지 않는다. 그것은 이제 '생활습관병'으로 바뀌었다.

진행암이 모두 사망에 이를까?

아니다. 치료법을 제대로 선택하는 것은 매우 중요하다. 그러나 그 이전에 원인을 제거하는 것은 더욱 중요한 일이다. 나의 생활방식과 사고방식이 나를 암으로 몰아간다. 암에 걸리는 사람은 해당계를 혹사하고 미토콘드리아계를 제대로 활용하지 못한 사람들이다. 해당계만을 사용하며 해당계를 혹사해온 사람들이다.

쉽게 화내고 초조한 사람, 안절부절못하는 사람에게 권할 것이 있다. 그것은 바로 깊이 천천히 호흡하는 것. 호흡이 얕으면 산소가 몸 속 세포에 충분히 머무를 수 없게 된다. 따라서 산소로 에너지 생성이 촉진되는 미토콘드리아계의 작동이 어려워진다. 천천히 심호흡을 하는 습관을 들이는 것만으로도 충분한 산소를 공급할 수 있다. 충분한 산소는 미토콘드리아계를 활성화한다. 이는 피로 회복으로 이어진다. 그러므로 충분한 휴식은 암의 발생을 피할 수 있는 좋은 방법 중 하나이다.

우리 인간은 호흡을 통해 산소를 공급받는 미토콘드리아계와 산소를 싫어하고 음식물의 영양소만을 원료로 하는 해당계라는 두 개의 에너지 경로가 공존한다. 이는 인간의 몸이 균형잡힌 생활방식을 요구한다는 의미이기도 하다.

신체 부위에 따라 하나의 세포에 평균 수백에서 수천 개의 미토콘드리아가 산소를 원료로 하여 마치 발전소처럼 에너지를 가동한다. 그럼 어떤 부위에 미토콘드리아가 많을까? 골격근의 일부(적근), 뇌, 신경, 간 등이다.

적근은 심층근(inner muscle, 몸의 내부에 있는 근육)이며 세포 내에 5,000개의 미토콘드리아가 작용한다. 뇌나 신경 세포는

4,000개, 간세포 내에는 2,000개의 미토콘드리아가 있다. 이 기관들은 미토콘드리아를 위해 다량의 산소를 필요로 한다.

아보 도오루는 우리에게 병이 생기는 것은 몸이 스트레스에 열심히 대응한 결과라고 지적한다. 휴식 없이 계속 과로를 하게 되면 저체온・저산소가 되어 그 결과로 암이 발생한다. 고혈압이나 고혈당 같은 생활습관병이 뇌경색이나 심근경색으로 진행되기도 한다. 사실 암은 좋다 나쁘다의 문제가 아니다. 이것은 몸의, 환경에 대한 자연스러운 반응이다.

일을 할 때 심한 정신적 압박을 받거나 힘든 인간관계에 봉착해 있을 때 우리는 스트레스 상태가 된다. 우리 몸은 이런 다양한 스트레스 상태에 대처하기 위하여 저산소・저체온 상태를 만들어낸다. 말하자면 이는 몸이 위기상황을 느꼈을 때 최선을 다하여 대처하는 방식이며 위험을 극복하려는 가장 효율적인 선택이라고 아보는 말한다.

스트레스가 쌓이면 자율신경 중 교감신경이 자극된다. 초조하거나 화가 났을 때는 교감신경의 명령을 받아 아드레날린이나 노르아드레날린 또는 도파민 같은 신경전달물질이 분비되고 심장박동이 빨라지고 호흡이 가빠지며 혈압, 혈당치가 높아진다. 왜냐하면 혈관이 수축하여 혈류가 멈춰버리기 때문이다. 이러한 과정의 결과로 저산소·저체온, 고혈압, 고혈당 상태에 이르는 것이다.

아보는 병에 걸리는 것도 몸의 지혜 중의 하나로 봐야 한다고 본다. 그 의미를 올바로 이해할 수 있어야만 그에 따른 대처도 가능하다는 것이다. 해당계의 작용은 언뜻 보면 비효율적인 듯 보이지만 사실은 몸이 살아남기 위한 최상의 선택인 셈이다.

아보는 인간을 매우 조화로운 존재로 파악한다. 인간은 순발력이 필요한 100미터 달리기도 할 수 있고 지구력이 필요한 42.195킬로미터를 달릴 수도 있다.

건강한 삶을 유지하고 싶다면?

바로 해당계와 미토콘드리아계라는 두 에너지 경로를 조화롭게 활용할 수 있는 생·활·방·식·을 선택하면 되는 것이다. 막 태어나 서서히 자라나는 아이들은 세포 분열이 계속된다. 따라서 해당계 우위의 생활을 하게 된다. 그러다가 15세가 되면 몸의 성장이 멈추면서 해당계의 기능이 축소된다. 이후 서서히 미토콘드리아계의 유산소 운동이 왕성해져서 대략 20대~50대사이가 되면 1 : 1 의 조화의 시대에 들어선다고 한다. 시간이 갈수록 점점 온순해지는 것은 유산소운동이 우위가 되는 미토콘드리아의 세계로 진입하여 서서히 매사를 냉정하게 판단할 수 있게 되기 때문이다.

해당계 우위의 생활은 간식뿐만 아니라 아침·점심·저녁 식사를 요구한다. 활동량이 많아 에너지가 바로 바로 소비되기 때문이다. 해당계의 힘으로 성장하고 건강해진다. 먹는다는 행위는 영양소들이 세포에서 활동 에너지로 전환되어 쓰인다는 뜻이므로 그 구조를 이해하면 건강한 생활을 유지할 수 있다. 운동선수들이나 활동량이 많은 어린이들은 과식을 해도 금방 소화시킬 수 있다. 그러나 성인의 과식이 좋지 않은 이유는 활동량이 적은데다 과식을 하게 되면 바로 비만이나 병의 원인을 제공하는 것과 같기 때문이다.

나이가 듦에 따라 기름기 있는 음식도 줄이고 전체 음식의 양을 줄여야 한다. 몸 상태를 건강하게 유지하고 싶다면 활동량에 따라 음식의 양도 조절해야 한다. 늘 하루 3끼의 식사를 해야 하는 것은 아니다. 늘 하루 3끼의 식사를 하면 몸이 망가질 수도 있다. 과도하게 먹을 이유가 없다. 너무 많이 먹어서 병을 얻고 건강을 잃는다. 혀가 느끼는 음식의 맛과 행복이 몸을 망칠 수도 있다. 혀를 위하여 음식을 섭취하는 것이 아니라 몸의 건강을 위하여 음식을 섭취하는 것이 옳다. 몸 상태가 바뀌면 기분도 좋아지고 건강한 삶을 운용할 수 있다. 식습관 하나만 바꿔도 인생이 바뀔 수 있다. 아니, 식습관을 바꿔야 인생이 바뀐다. 건강한 삶을 살고 싶다면 식습관을 들여다보아야 한다. 보약을 먹으려고 애쓸 것이 아니다.

지나침은 모자람만 못하다. 내 몸에 필요 없는 잉여의 음식물을 내 몸 안에 집어넣지 않는 것만으로도 보약에 버금가는 효과가 있을 수 있다. 현대인들이 겪는 질병은 너무 적게 먹어서 걸리는 게 아니라 도리어 지나치게 많이 먹기 때문에 발병한다. 운동은 결코 하지 않는다. 에너지를 태우지도 않을 거면서 과도하게 먹으면 면역력이 저하된다. 균형이 깨어지면 면역력에 영향을 끼친다.

생활방식을 고치는 것, 삶을 바라보는 관점을 바꾸는 것. 이것이 바로 암을 제거하는 방법이다. 암의 발생구조를 알고 원인을 제거하면 된다. 최고의 처방전이다.

인간이 왜 암에 걸리는가?

생활방식 때문에.
이것이 정답이다.

암에 걸린 후 병원에 가서 치료받는 데 초점을 두는 것이 아니라 암을 근본적으로 예방할 수 있는 지혜로운 생활습관을 가지도록 노력하는 것. 이것이 가장 빠르고 신속한 대처법이다. 아보 도오루는 암에 걸리지 않는 8가지 규칙을 이렇게 정리한다.

1 불안감이나 스트레스에 관심을 갖는다.
2 너무 열심히 하는 생활방식을 바꾼다.
3 기분 전환・휴식의 방법을 발견한다.
4 몸이 차지 않도록 연구한다.
5 폭음, 폭식하지 말고 몸에 알맞는 식사를 한다.
6 유산소운동을 생활에 들인다.
7 웃음・감사의 마음을 중요하게 여긴다.
8 보람・즐길거리・목표를 찾는다.

저체온・저산소 상태를 만들지 않도록 늘 깨어 있어야 한다. 나의 생활방식의 편향이 지향하는 곳이 '건강'인지 '질병'인지를 알아차릴 수 있어야 한다. 일상 생활의 불안이나 스트레스를 해소할 수 있는 방안을 늘 강구해야 한다. 두통, 어깨 결림, 요통, 위통, 변비, 불면, 생리통, 거친 피부, 구내염 등 사소한 증상들은 신체가 암화되어가는 신호일 수 있다. 이러한 통증을 불러일으키는 원인에 우선 관심을 가져야 한다. 증상이 나타났을 때 그것을 일시적으로 치료하는데 관심의 초점을 두는 것은 미봉책에 불과하다. 해답은 늘 가장 가까운 곳에서 찾아야 한다. 마음과 몸의 균형을 유지하자. 암에 걸리지 않는 생활방식은 작은 일에서 기쁨이나 행복감을 느끼는 습관으로 시작된다. 모든 병은 상황에 대한 몸의 적응 현상이다. 늘 원인이 무엇인지 들여다 보자. 반드시 자신의 생활방식을 되돌아보는 것. 암에 걸리지 않는 최우선 습관이다.*

> 몸과 마음을 조화롭게 보존하라. 그러기 위해서는 식이요법이 큰 도움이 된다. 건강하면서도 비싸지 않은 음식을 먹으라.
> —윌리엄 펜*

12. 과도한 단백질 섭취가 우리 몸을 죽이고 있다

고기를 많이 먹고 우유를 많이 먹으면 건강해질까? 충분한 동물성 단백질을 충분히 섭취하다 못해 다다익선, 즉 많이 먹을수록 좋은 것일까? 동물성 단백질이야말로 유일하게 '완벽한 단백질'일까? 고단백 식사를 하는 것이 건강과 어떤 상관 관계가 있을까? 칼슘을 섭취하기 위해 우유를 꼭 먹어야만 할까? 빠른 속도로 키가 큰다는 것의 진짜 의미는 무엇일까? 빠른 성장과 짧은 수명을 서로 맞교환 할 수 있을까? 왜 키가 클수록 좋다고 생각하는 걸까? 왜 고기를 먹지 않으면 체력이 약해진다고 생각하는 걸까? 그렇다면 운동선수들은 채식주의자가 없는 걸까? 고기를 통해 고 단백질을 섭취하는 운동선수와 채식주의자 운동선수는 어떤 차이가 있을까?

질문하라. 질문하지 않으면 늘 어려서부터 치밀한 계산에 의해 교육받아온 가짜 진실을 진짜 진실과 구별할 수 없(게 된)다. 가짜 진실과 진짜 진실 사이에서 머뭇거리며 방황하는 동안 우리 몸이 전립선암, 유방암, 췌장암, 결장암, 골다공증, 신장 결석, 신장 비대증, 신장염 등 온갖 질병의 요람이 되어 있음을 어느 순간 발견하고 경악하게 될 것이다. 내 몸은 나를 어디로든 데려가는 베이스 캠프이며 내 영혼의 안식처다. 몸은 내 영혼의 집이다. 집 안팎을 깨끗이 청소하거나 닦지 않고 말끔한 환경을 바랄 수는 없다. 늘 성실하게 정성껏 쓸고 닦아내야 한다. 먼지를 털어내고 젖은 수건으로 닦아내야 한다. 집안에 온갖 잡동사니를 쌓아놓고 행복하거나 뿌듯해하지 말아야 한다. 내 집이기 때문이다. 내 영혼의 안식처이기 때문이다. 상큼한 분위기를 가진 집, 청결한 집, 아름다운 집, 건강하고 편안한 집을 만들기 위해서는 정성과 관심과 배려가 일상이 되어야 한다. 먹거리는 우리의 일상이다. 배고픔이라고는 없는 시대. 어딘가에서는 기아로 허덕이며 사람들이 죽어가고 어딘가에서는 배를 불리고 또 불리며 삼시 세끼를 먹지 않으면 안 될 듯한 강박에 시달리면서 배가 고프지도 않은데 습관처럼 아침, 점심, 저녁 식사를 한다. 그러다가 밤이 되면 출출하다는 명목으로 간식을 먹는다. 밤에 많이 먹으면 우리가 자는 동안에도 위장은 연동 운동을 부지런히 해야 하므로 쉬지 못한다. 과도한 노동을 시키면 몸이 고장 날 수밖에 없다. 너무 많이 먹어서 병이 나는 이상한 시대다.

우리 몸이 가장 중요하게 조절하는 역할은 혈액을 '중성'으로 유지하는 일이다. 산성 상태가 계속되면 우리는 죽고 만다. 따라서 우리는 산성이 너무 많이 포함된 음식을 섭취하지 않으려고 노력(해야)한다. 산성식품을 많이 먹게 되면 몸은 지혜를 발휘해 뼈에서 알칼리성 무기질인 칼슘을 빼내어 pH농도를 조절한다고 한다.

'뼈에서 빼내다', 이 부분이 중요하다. 골다공증이 생기는 이유가 되기 때문이다. 우리가 좋아하는 고단백질 식품인 고기와 달걀은 특히 산성이 강한 식품들이다. 말하자면 pH농도를 조절하기 위해 뼈에서 칼슘을 빼내야 하는 식품들인 것. 반면 대부분의 과일과 야채들은 알칼리성 식품들이다. 따라서 혈액을 중성으로 만들려고 뼈에 든 칼슘 저장분을 빼앗아 올 필요가 없는 것이다.

우리는 일반적으로 우유를 섭취해야만 하는 이유가 칼슘을 섭취하기 위해서라고 말한다. 하지만 중요한 사실을 늘 간과하는데 칼슘을 흡수하고 이용하는 능력은 사실 우리가 흡수하는 '인'의 양에 직접적으로 좌우된다는 사실.

즉 칼슘과 인의 배율이 적절해야만 뼈 밀도가 단단해지는 것이다. 이 비율이 낮을수록 뼈 밀도의 손실이 커지고 따라서 골다공증도 심해진다. 그런데 닭고기와 소고기와 돼지고기 등은 함유된 칼슘이 거의 쓸모 없을 만큼 칼슘과 인의 비율이 낮은 식품이라고 한다. 고기와 유제품의 섭취가 많으면 많을수록 뼈 속 칼슘이 녹아 나오는 현상인 뼈의 용식과 골다공증의 속도는 빨라진다. 즉 골다공증을 예방하는 하나의 방법은 단백질 섭취량을 줄이고 우유를 끊는 것이다.

전세계에 걸쳐 골다공증의 발생은 단백질 섭취와 밀접한 관련을 가지고 있다. 따라서 특정 인구가 섭취하는 단백질량이 많을수록, 골다공증 증상도 그만큼 흔하고 심각해지는 양상을 보인다. 세계 보건통계들이 보여주는 자료가 있는데 유제품을 가장 많이 소비하는 미국, 핀란드, 스웨덴, 영국 같은 나라들에서 골다공증이 가장 흔하게 나타난다는 사실.

의학 전문가 존 맥도걸은 골다공증에 관한 의학 연구들을 요약했다.

"나는 인간의 몸에서 칼슘을 잃게 만드는 단백질의 역할이 이제는 더 이상 논쟁거리가 아님을 강조한다. 지난 55년 동안의 많은 연구들은 우리에게 말해준다. 우리가 뼈를 튼튼하게 할 플러스 칼슘 균형치를 원한다면, 우리가 할 일은 칼슘 섭취량을 늘리는 것이 아니라 단백질 섭취량을 줄이는 것이라는 사실을."

더 많은 단백질을 섭취할수록, 그만큼 더 많은 칼슘을 잃게 된다.

혈액 속에 칼슘이 필요한 이유는 심장을 포함, 근육의 수축이완 작용과 피의 응고, 신경자극의 전달 같은 필수불가결한 과제들을 수행하기 위해서다. 혈액에 칼슘이 공급될 필요가 있으면 몸은 뼈를 마치 칼슘 저장 '은행'처럼 일련의 생화학과정을 통해 칼슘 은행인 뼈에서 예금을 인출한다. 즉 뼈에서 칼슘을 빼앗아 혈액에 칼슘을 공급한다. 오늘날 미국에서는 65세 이상 미국 여성 중 25%에 달하는 여성이 뼈 미네랄부족, 일명 '뼈의 융식'이라는 골다공증을 앓고 있고 이로 인한 사망률은 유방암과 자궁암을 합한 것보다 더 많다고 한다.

당신이 종합검진 결과 '골다공증'이라는 진단을 받았다면? 본래의 뼈 구성성분 중 50~75%가 이미 뼈대에서 빠져나갔음을 뜻한다. 얼마나 충격적인 사실인가?

흔들리는 이, 움츠러든 잇몸, 깨어진 엉덩이, 넘어지거나 부딪쳤을 때의 골절상, 약해진 척추, 등이 굽고 키가 줄어드는 것 등 이 모든 증상들은 바로 뼈가 연약해지고 쉽게 바스러지는 점차적인 부식, 즉 골다공증 증세인 것이다.

우리는 대부분 단백질을 충분히 섭취하지 않으면 건강을 잃어버릴 것 같은 강박에 시달리고 있다. '고기는 힘을 준다'는 통제 신화는 오래도록 우리의 내면에 자리 잡은 심리 근거의 일부가 되어버렸다고 존은 말한다. 열심히 일하거나 운동을 한다면 단백질이 더 많이 필요한 걸까? 답을 미리 말하자면, 결코 그렇지 않다. 아놀드 슈왈츠제네거도 이렇게 말한다.

"보디빌딩을 하려면 단백질 섭취가 총 열량의 50~70%는 되어야 한다고 생각하는 경향이 있는 것 같다. 그러나 그렇지 않다. 좋은 식사의 기본은 몸무게 1킬로그램 당 1g의 단백질이면 충분하다."

단백질은 우리 몸의 효소를 교체하고 혈액세포를 재생하고 머리카락을 자라게 하고 항체를 생산하는 등의 과업을 수행하기 위해 필요하다. 육체적 활동량이 늘어날 때 우리에게 필요한 것은 연소시킬 수 있는 더 많은 탄수화물이다. 탄수화물이 우리 몸을 움직여주는 연료이기 때문이다. 활동량이 많을수록 여분의 단백질이 필요하다,는 믿음은 거짓된 통념이다. '고기는 힘을 준다' 는 거짓 통념처럼, '우유를 먹으면 칼슘을 섭취할 수 있다' 는 통념처럼, 그것은 이제 거짓 진리이다.

강하고 튼튼하기 위해서 '반드시' 고기를 먹어야 한다는 것은 거짓말이다. 나단 프리티킨이라는 영양학 전문가는 말한다.

"채식가들은 단백질을 충분히 섭취하고 있을까? 답은 그렇다, 이다. 내가 아는 한, 열량은 충분한데 단백질이 부족한 자연식 식단을 짤 수는 없다. 즉 우리가 필요로 하는 단백질은 6%에 불과하다. 따라서 일상 식사에서 9%보다 낮은 비율의 단백질을 얻기란 역설적으로 불가능하다."

 말하자면 자연식품을 충분히 먹는다면 필수영양소가 부족할 일은 거의 없는 것이다. 의학 잡지 <랜싯>의 한 편집자가 말했다.
 "예전에 식물성 단백질은 저급한 것으로 분류되었다. 최상급은 동물성 단백질이라고 생각했다. 하지만 이런 구별은 이제 근거 없는 것이다.
 단백질의 상호보완적인 상승효과로 혼합된 식물성 단백질이 오히려 동물성 단백질보다 우리 몸에 훨씬 더 좋은 작용을 미친다."

 영양학 해설자인 데이비드 루밴 박사는 고기, 치즈, 달걀, 닭고기와 여러 값비싼 단백질을 아무리 많이 섭취한다 하더라도 그날 필요로 하는 양을 뺀 여분의 단백질은 오줌을 통해 배설된다고 설명한다. 단백질 섭취량을 늘리면 동네 하수조와 정화조로 흘러 들어가는 단백질 양도 그만큼 늘어나게 되는 셈이다.

 존은 사실 대다수 사람들에게 거의 대부분의 유제품은 과잉

식품일 수 있음을 지적한다. 많은 사람들이 만 4살이 지나고 나면 유당 분해효소인 락타제를 더 이상 합성하지 못하므로 우유 속 탄수화물 유당인 락토스를 소화할 능력을 상실하게 되기도 한다.

우유도 과잉, 고기도 과잉이다. 우리 몸은 채식만으로도 충분하다. 다만 채식을 하면서 흰 밀가루, 설탕, 정제된 가공식품들, 알콜, 지방성 식품들을 함께 먹어서는 안 된다. 이들은 우리 몸에 열량만을 줄 뿐으로, 이러한 부실 칼로리 위주로 식사를 한다면 영양실조 증상을 보일 것은 명약관화다. 그러면 그들은 빠르게 고기 요리로 돌아갈 가능성이 짙다.

철분이 부족하면 빈혈이 생긴다. 그런데 놀랍게도 우유나 치즈, 요구르트, 버터, 아이스크림 등의 유제품을 섭취하면 철분 결핍의 가능성이 높아진다.

철분을 가장 많이 함유한 식품들은? 대부분의 채소들이다. 케일은 같은 칼로리의 소고기 스테이크보다 무려 14배 넘는 철분이 들어 있다. 게다가 신선한 과일과 야채들 속의 비타민 C는 철분 흡수력과 활용력을 크게 높여준다. 사실 우유는 철분 함량이 너무 낮아서 시금치 한 접시만큼의 철분을 우유에서 얻으려면 무려 100되에 달하는 우유를 마셔야 한다고 한다. 그렇듯 유제품은 철분 함량이 낮을뿐더러 그것의 흡수까지도 방해한다.

우리가 필요로 하는 단백질이 6%에 불과하다면 11%의 열량밖에 안 되는 감자만 먹고 살더라도 우리는 몸이 필요로 하는 단백질을 충분히 얻을 수 있을 거라고 존은 말한다. 왜냐하면 거의 대부분의 식물성 식품들이 감자보다 단백질 비중이 높기 때문이다. 야채류로 보자면 시금치 49%, 브로콜리 45%, 케일 45%, 겨자잎 39%, 양상추 34%, 완두콩 30%, 오이 24%, 양배추 22%, 샐러리 21%, 양파 16%, 호박 12%, 고구마 6% 등의 비중을 지니고 있다고 한다.

따라서 역사상 전시상황 같은 극단적인 경우 사람들이 감자와 물만으로 영양상의 모든 필요를 채워야 했던 시대에도 비타민 결핍 문제를 별도로 하면 단백질 부족의 징후를 보였던 사람들은 거의 없었다고 존은 말한다.

그렇다면 육류나 유제품은 체력과 기운을 가져다 준다는 고정 관념에 따라 채식주의자들의 체력은 어떨까?

1968년 덴마크의 한 연구팀은 체력과 지구력에서 얼마나 차이가 나는지를 자전거 페달 돌리기, 라는 방법으로 실험했다. 피험자 집단은 먼저 육류와 야채의 혼합식으로 식사를 하고 자전거 돌리기를 했다. 이때 쉬지 않고 페달을 밟은 평균 시간은 114분이었다. 다음으로 똑같은 사람들에게 고기와 우유와 달걀 비중이 높은 식사 후 자전거 돌리기를 했을 때는 겨우 57분에 불과했다. 마지막으로 같은 피험자들에게 곡류와 야채만으로 엄격한 채식을 한 후 페달 밟기를 했을 때 그들의 평균 지속 시간은 167분이었다. 육류 섭취의 부족은 그들의 체력을 떨어뜨린 것이 아니라 오히려 높여 주었던 것이다.

　한번은 벨기에 의사들이 채식가와 육식가에게 악력기를 쥐어 주었다. 육식가들의 평균은 38회였고 채식가들의 평균은 69회에 달했다. 근육 복구력의 연구 결과가 대개 그렇듯이 채식가들이 육식가들보다 훨씬 더 빠른 속도로 손아귀 근육의 피로를 풀 수 있었기 때문이다.

　예일대 어비 피셔 교수는 육식 운동선수와 채식 운동선수, 채식을 하지만 운동량이 적은 사무원, 이 세 집단을 표본대상으로 삼아 기운이나 지구력을 조사했다.

"비교대상이 된 세 집단 중에서 육식가들은 지구력 면에서 채식가 집단, 심지어 사무직 채식가들보다 훨씬 떨어졌다."

육식가는 모두 운동선수였고, 채식가 집단 중 반은 운동량이 적은 사무직 직원이었는데도 채식가들의 전체 평균은 육식운동선수들의 평균보다 2배가 높았다.

파리 의과대학 이오테크 박사는 다양한 집단의 육식가들과 채식가들의 지구력을 비교했다. 채식가들의 체력은 결과적으로 육식가들의 그것보다 평균 2, 3배씩 높았다. 더 놀라운 사실은 채식가가 피로에서 회복되는 시간이 육식가들이 걸리는 시간의 1/5에 불과한 것.

현재 세계 최장수 종족은 에쿠아도르 안데스 산맥의 발캄바족, 러시아연방 흑해에 사는 아브카시안족, 그리고 북 파키스탄의 히말라야 산맥에 사는 훈족. 이들은 전혀 다른 환경 속에서 사는데 놀라운 공통점이 있었다.

완전 채식이거나 거의 채식에 준하는 식사를 한다는 사실. 그들 중 훈족의 경우 고기와 유제품을 섭취하기는 하지만 전체 칼로리의 겨우 1.5%에 지나지 않았다. 이들은 오래 살 뿐만 아니라 '퇴행성 질환'의 징후가 거의 없었다. 늙어서도 건강하고 활기찬 생활을 하는 것.

"그들은 80세가 넘어도 일하고 즐긴다. 100세에 이른 사람들도 대부분 여전히 활동적이어서 은퇴라는 말이 없다. 잉여 단백질이 없는 식사 덕분에 성장 속도는 빠르지 않지만 반면에 탄탄하고 호리호리한 골격이다. 그만큼 나이가 들수록 진행되는 노화도 상대적으로 더딘 것이다."

<육식, 건강을 망치고 세상을 망친다>의 저자 존 로빈스는 과연 우리가 건강해지는 데 반드시 육식이 필요한가라는 의문을 해소하기 위해 스포츠 분야에서 채식가들의 활동을 조사하였다. 스포츠분야에는 채식가들이 없을까?

그들은 육식운동선수들보다 뒤떨어질까?

근력이나 지구력이 떨어질까?

채식을 하면 운동을 하는 데 불편을 느낄까?

캘리포니아 데이비스컵 우승자인 데이브 스콧은 학자 겸 운동선수이다. 그의 전공은 운동생리학이다. 그는 '엄청난 양'의 관련분야 서적과 잡지들을 통해 최신 연구 성과들을 공부한다. 그는 "운동선수들에게 동물성 단백질이 반드시 필요하다는 관념은 '어리석은 궤변'에 불과하다"고 결론짓는다. 그는 세계에서 가장 뛰어난 철인 3종 경기 우승자이기도 하다. 그것도 두 번 이상의 우승기록을 갖고 있다. '하와이 철인 3종경기'에서는 4번씩이나 우승을 차지했다고 한다. 이때 그는 3.9킬로미터의 바다 수영과 180킬로미터의 사이클, 42.195킬로미터의 마라톤으로 짜인 시합에서 세번 모두 세계기록을 갱신했다.

델라웨어주 네와크의 로버트 스위트갈은 세계 최우수 최장거리 보행선수다. 그는 3년 동안 적도상의 원주 거리인 4만킬로미터보다 훨씬 더 먼 거리를 걸었다. 그는 "이 지구에는 우리가 동물을 죽여서 먹지 않더라도 충분히 많은 먹거리들이 있다"고 말했다. 그는 17,077킬로미터에 달하는 미국 국경선을 걷고 난 후, 2,000만 걸음으로 미국의 50개 주 전체를 지나가는 걷기 계획에 착수했다.

머레이 로즈는 1956년 호주 멜버른올림픽에서 3개의 금메달을 땄다. 그의 나이는 17세였다. 4년 뒤 1960년 올림픽, 400

미터 자유형에서 역사상 최초 기록보유자가 되었고 다시 몇 년 후 400미터와 1,500미터 자유형에서 자신의 기록을 갱신했다. 스포츠 역사상 가장 뛰어난 수영선수로 기억되는 로즈는 2살 이후로 지금껏 채식가였다고 한다.

동물성 단백질의 과잉 섭취 외에도 골다공증을 일으키는 다른 요소들이 있다. 인의 비율이 대단히 높은 청량 음료와 인스턴트 식품의 과다 섭취, 염분(이는 정제소금을 뜻한다) 및 산성 식품 과다 섭취, 그리고 운동 부족 또한 골다공증의 위험을 높인다. 그러나 다시 강조하자면 그 모든 요인들을 능가하는 가장 중요한 요소는 동물성 단백질의 과·다·섭·취·이다. 우유는 높은 칼슘 함량에도 불구하고 단백질 함량도 그만큼 높으므로 사실상 골다공증 진행을 오히려 '촉진'하는 역할을 한다고 존은 지적한다.

동물성 단백질의 과잉 섭취는 또 다른 문제들도 불러 일으키는데 그 중 하나가 신장 결석이다. 과잉 단백질로 인해 뼈에서 빠져 나온 칼슘이 자신의 역할을 다하면 어딘가로 가야 한다. 우리 몸에서 소화는 되었지만 높은 인/칼슘 비율 때문에 흡수되지 못한 칼슘도 어딘가로 가야 한다. 이들은 결국 오줌으로 배출되는데 문제는 그 과정에서 신장 계통의 칼슘 비율이 크게 올라감으로써 자주 신장 결석을 유발하게 되는 것. 모든 응급 질환 중에서 가장 고통스럽다는 신장 결석은 그러므로 채식가들보다 육식가들 사이에서 훨씬 더 빈번하게 자주 발생한다고 한다.

또한 단백질 과잉 섭취는 신장 조직을 파괴하고 점진적으로 신장 기능의 저하를 가져온다. 사용되지 않고 남은 여분의 단백질은 그냥 몸 밖으로 쉽게 빠져 나오지도 않는다. 여분의 단백질을 제거하기 위해서는 신장이 힘겨운 작업을 해야만 하는 것이다. 식사에 포함된 단백질이 많을수록 신장 비대증과 신장염의 발생률도 더 높고 증상도 그만큼 더 심각한 건 과부하된 신장의 활동 결과물인 셈이다. 따라서 단백질 섭취를 제한하지 않는 신장 질환 환자들, 특히 고기를 좋아하는 환자들은 대부분 신장투석기를 사용해야만 하는 상황까지 급속도로 신장 기능이 저하되기도 한다고 한다.

동물성 단백질을 섭취하는 쥐들이 더 빨리 성장한다는 사실을 발견한 초기 과학 실험들은 동물성 단백질이 더 뛰어나다는 편견을 불러왔다. 그러나 아니다. 이야기는 거기서 끝나지 않았다. 우리는 '빨리 성장한다. 키가 커지더라'에만 초점을 맞추고 있는 것이다. 왜 클수록 좋은 걸까? 건강할수록 좋은 것이 더 맞는 게 아닐까? 동물성 단백질로 길러진 쥐들이 더 빨리 성장하는 것은 맞다. 그러나 그만큼 빨리 죽을 뿐만 아니라, 채식 쥐들이 겪지 않는 '온갖 질병'을 겪는다는 사실은 아직도 대부분의 우리들 귀에까지는 전달되지 않은 듯하다.

<미국 의학협회 저널>지에 '빠른 성장—짧은 수명'이라는 제하의 연구논문이 발표되었다. 이 논문은 동물성 단백질을 많이 먹은 다양한 동물들의 수명이 '현·저·하·게·줄·더·라'는 사실을 발견했다. 육식가들은 채식가들보다 암에 걸리는 비율 역시 더 높다. 미국 암연구소의 원로고문인 콜린 캠벨이 말했다. "유방암과 전립선암, 췌장암, 결장암과 단백질 섭취 사이에는 강한 연관 관계가 있다."

적절한 양의 식사(식탐 내려놓기), 늘 8홉 정도를 채우고 위의 2홉 정도는 비워두는 식습관(늙지 않는 비결), 인스턴트 식품을 쓰레기음식으로 바라볼 수 있는 힘(질병으로부터의 자유), 청량음료, 아이스크림의 유혹에서 벗어나기(점점 줄어드는 정

자의 숫자), 배가 부르도록 먹고 간식까지 빠지지 않고 채우는 식단이 우리의 몸과 영혼을 얼마나 갉아먹는 행위인지 인식하기(사유의 회복), 동물성 단백질의 신화에서 벗어나 사실을 있는 그대로 바라보기(건강한 몸), 지나치게 많이 먹는 21세기 현대인들의 식습관이 사실은 내면의 공허함을 채우기 위한 무의식적 제스처는 아닌지 들여다보기(깨어나기), 닭·돼지·소 들은 인간을 위해 식품으로 존재하는 것만은 아니라는 사실을 인식하기(생명의 소중함), 그들도 우리와 같은 지구별에 사는 동료 생명임을 깨닫기(상생의 자리), 땅에서 살아야 할 동물들을 공장에 이식하고 온갖 화학물질을 투여하는 행위들은 잔인하고 비인도적인 고문 행위임을 인정하기(인간성 회복), 최소한의 먹거리에 감사하고 잉여의 먹거리에 대한 탐욕을 충족시키기 위해 지구상의 다른 종species들에게 민폐 끼치지 않기.(종족의 우상으로부터의 탈피)*

> 자연이 차려 놓은 향연을 맛보라.
>
> —사무엘 존슨*

13. 먹기를 더디하라—간헐적 단식

먹기를 더디 하라. 가끔은 공복 상태를 유지하라. 못 먹어서 아픈 것이 아니라 너무 많이 먹어서 아픈 거란다. 간헐적 단식은 '왜 먹지 말아야' 하는가에 초점을 맞춘다. 한국인들도 1980년부터 선진국형 질병을 앓기 시작했다. 비만, 고지혈증, 당뇨, 고혈압, 대사증후군, 각종 암을 흔한 감기처럼 앓기 시작했다. 이들에게는 공통점이 있다. 너·무· 많·이· 먹·는·다·는 것. 즉 영양 과잉의 결과라는 것이다.

간헐적 단식 연구는 1940년으로 거슬러 올라간다. 1998년에는 의사이며 저술가인 미국의 조엘 펄먼이 [내 몸 내가 고치는 식생활 혁명]이라는 책을 내기도 했으나 본격적으로 간헐적 단식이 관심사로 떠오르기 시작한 것은 서구에서도 2000년 들어서라고 한다. [먹고 단식하고 먹어라]의 저자 브래드 필론은 수많은 논문을 읽고 분석해 얻은 지식을 토대로 간헐적 단식을 주장한다. 가끔은 먹지 않는 것이 몸에 얼마나 이로운지에 대하여 그는 몸 속을 샅샅이 들여다보면서 차분하게 설명해준다.

　인슐린, 성장호르몬, 포도당, 기초대사량, 글루카곤, ATGL(Adipose Triglyceride Lipase), 짝풀림단백질(uncoupling protein)과 같은 단어들을 만나야 한다. 이 책을 추천하는 뉴욕의 의사 고수민은 간헐적 단식이 모든 이를 위한 건강법을 아닐지라도 건강을 위해 큰 기여를 하리라고 믿는다.

　브래드는 [먹고 단식하고 먹어라]를 써놓고도 7년을 망설였다고 한다. 비만이 이제는 전 세계적인 문제지만 '식습관'이 원인이라는 자신의 주장이 대중에게 받아들여질지 확신이 서지 않았기 때문이다. 그는 말한다. 사람들은 먹는 음식의 종류를 바꾸라는 권유는 쉽게 받아들이지만(아니다, 그렇지 않다. 음식의 종류를 바꾸라고 하면 일단 권유 받은 사람은 매우 불편한 표정을 짓는다. 이미 뇌가 습관으로 인식하고 당연하게 인식하는 것을 바꾸라고 하면 심지어는 자신의 인격에 대한 모독인 것처럼 받아들이는 사람들도 있다) 얼마나 많이 또는 언제 먹느냐에 대한 생각은 퍽 완고하다고. 그래서 간헐적 단식이라는 자신의 주장이 수용될 여지가 적을지도 모른다고. 그러나 그는 이제 자신의 목소리를 내기 시작했고 많은 사람들이 자신의 주장에 호응하고 있어 힘이 난다고 말한다. 그렇게 이 책이 출간된 것은 2007년 어느 날이었다.

생물학자 홀데인은 과학 이론이 수용되는 네 가지 과정이 있다고 지적했다.
1. 말도 안 되는 헛소리야.
2. 흥미롭긴 한데 황당한 생각이군.
3. 맞는 말이긴 하지만 너무 지엽적이야.
4. 내 말이 그 말이라고!

그는 이제 간헐적 단식에 대한 인식은 '내 말이 그 말이라고!'의 단계에 이르렀다고 본다.

그는 대학원에서 영양, 단식, 체중 감량에 대한 연구를 진행하면서 두 가지 절대적인 진실을 깨달았다.

1. 장기적인 칼로리 제한이 영양학적으로 입증된 유일한 체중 감량법이다.
2. 인간은 둘 중 하나의 상태에 놓일 수밖에 없다. 만복 아니면 공복.

그는 대부분의 과학 연구 결과가 그렇지 않아도 정신 없는 기존 영양학 이론과 다이어트 방법에 혼란만 가중시키고 있다고 생각한다. 왜? 영양과 식품에 관한 연구는 이제 우리의 건강과 안녕을 증진시킬 목적으로 이루어지는 것이 아니라 마케팅이 목적이기 때문이다. '이' 제품 대신 '저' 제품을 사도록 유도하기 위한 수단으로 사용되는 것이다. 이때 우리는 단지 이익을 최대로 빼내야 하는 '소비자'일 뿐이다.

음식에서 나온 에너지는 지방과 탄수화물의 체내 저장 형태인 글리코겐의 형태로 저장된다. 우리 몸은 먹을 것을 구할 수 있으면 음식을 먹고, 먹을 것이 없으면 지방으로 저장해 둔 칼로리를 사용하도록 설계되어 있다. 만복의 상태는 음식을 먹고 칼로리를 저장하고 공복의 상태일 때는 음식을 먹지 않는 대신 저장된 칼로리를 소모한다. 이것이 초점이다. 단식은 우리 몸이 칼로리 균형을 유지할 수 있는 가장 손쉬운 방법이라고 필론은 말한다.

최근 연구에 의하면 우리는 하루 20시간을 만복 상태(배가 가득 차 있는 상태)로 보낸다고 한다. 칼로리를 소모할 빈 공간을 주지 않고 시시때때로 무언가를 끊임없이 먹고 있는 것이다. 계속해서 먹고 저장하고 먹고 저장한다. 만복과 공복(배가 비어 있는 상태)이 적절히 조화되는 상태가 아니라 늘 만복의 상태에 있는 것이다. 필요 이상의 칼로리는 지방으로 저장하게 되어 있는 우리의 몸 시스템으로 보자면 우리는 지속적으로 칼로리는 태우지 않고 지방을 저장하고 있는 셈이다. 비만이 되지 않는 것이 이상하지 않겠는가?

그는 미국 식품 업계가 날마다 일인당 4,000칼로리를 공급할 수 있을 만큼의 식료품을 생산하고 있다고 말한다. 게다가 연간 10억 달러 이상이 식품 광고에 쓰인다. 말하자면 미국 국민이 일주일 중 하루만 음식을 먹지 않아도 식품 업계는 막대한 손실을 보게 된다. 따라서 그들은 많이 먹고 다이어트를 통해 감량을 하면 된다고 부추긴다. 많이 먹고 많이 소비할수록 좋다고 세뇌 당하고 있는 것이다. 그러나 이 상황에 이의를 제기하는 이는 거의 없다. 우리는 이미 세뇌된, 잘 교육된 '소비자'에 불과하기 때문이다.

브래드는 매우 민감한 부분을 건드린다. 우리가 아는 다이어트 방법을 한 번 떠올려보자고 그는 제안한다. 그것은 모두 무언가를 계속 '먹어야 한다'는 제안들이다. 하루에 조금씩 여섯 끼를 먹어라, 단백질을 많이 먹어라, 아침을 꼭 먹어라, 시리얼을 먹어라, 주기적으로 탄수화물을 섭취하라, 주기적으로 종합 비타민을 섭취하라, 칼슘이 많이 든 음식을 먹어라, 다이어트 약을 먹어라 등등 끊임없이 식품이나 식품 보조제를 먹어야 한다고 강조하는 다이어트법들이 거의 대부분이라는 사실을 직시하도록 만든다. '고객을 소중히 모시겠습니다.'

근육 세포는 글리코겐이라는 변형된 형태로 당을 저장하는 능력이 있으나 저장된 당을 혈류로 되돌려 보내는 능력이 없다. 즉 근육이 글리코겐을 저장했다면 그것은 근육만이 소모할 수 있을 뿐 신체의 다른 부분이 사용할 수 없다는 이야기다. 간이나 뇌나 다른 신체부위로 이양할 수 없다. 이 기본 규칙은 모든 근육에 적용된다. 그러나 간은 이와는 정반대다. 간은 특히 내장이나 뇌, 상황에 따라 근육에까지 에너지를 공급할 목적으로 글리코겐을 저장한다. 단식하면 몸은 간에 저장되어 있는 지방과 당에서 에너지를 얻는다.

뇌에 연료를 공급하기 위해 부지런히 식사를 해야 한다는 생각은 기본적으로 활동량이 많은 (어린)이들에게는 맞는 말이다. 연구에 따르면 아이들은 아침을 걸렀을 때보다 먹었을 때 학교 시험에서 좋은 성적이 나올 수 있다고 한다. 아이들은 계속해서 성장, 발달 중에 있기 때문이다. 그렇다면 어른은?

연구에 따르면 몇 시간 식사를 하지 않아서 멍해지거나 느려지거나 하지는 않는다고 한다. 21세 대학생들에게 정상적으로 식사를 하거나, 한 끼 거르거나, 두 끼 거르거나, 24시간 단식을 하게 한 뒤 지력을 측정해 보았다. 그 결과 반응 시간, 기억력, 집중력 지속 시간 등 결과에서 전혀 차이가 발견되지 않았다. 단기 단식이 인지능력을 훼손하지 않는 것이다. 추가 실험을 진행했다. 건강한 젊은 성인에게 이틀 동안 300칼로리의 아주 적은 식사만 제공했다. 실험 결과 각성, 반응 시간, 학습, 기억, 추론 등의 인지 활동, 수면, 기분 검사에서 감소 경향이 나타나지 않았다.

연구는 단기단식이 인지 능력을 손상시키지 않을 뿐만 아니라 나이가 많은 집단에서는 장기적인 칼로리 제한이 기억력을 향상시킬 수 있다는 사실도 발견했다.

평균 연령 60.5세 여성 50명을 대상으로 3개월간 칼로리를 제한한 식단을 제공한 결과 이들의 언어 기억력 점수가 의미 있게 개선되었다. 즉 단식은 기억력을 훼손하지 않을 뿐 아니라 장기적으로는 기억력을 개선하는 효과가 있었다.

그는 말한다. 아무것도 먹지 못한 채로 두세 시간만 지나면 배가 고프고 짜증이 나는 사람이 많다고. 하지만 대사 측면에서는 이때도 우리는 만복 상태라고 한다. 즉 우리 몸은 두세 시간 전에 먹은 음식을 여전히 가공하고 있는 상태라는 것이다. 또한 아무것도 하지 않았다면 체내에는 두세 시간 전에 얻은 에너지가 사용되지 않고 고스란히 남아 있는 상태다. 그런데도 배가 고프고 무언가 먹고 싶은 욕구에 시달린다. 이유가 뭘까?

그는 '배고픔'이 식사를 하라는 대사적, 사회적, 환경적 신호에 대한 '학습된 반응'임을 지적한다. 과거의 습관과 환경이, TV나 매체를 통해 끊임없이 세뇌되고 주입된 선전들이 대단한 힘을 발휘하고 있는 것이다. 무엇을 먹을지, 얼마나 먹을지는 의식적으로 조절하지 않는다. 또한 맛과 냄새는 음식을 선택하고 먹도록 하는 데 엄청난 영향력을 발휘하는데 대뇌 반사의 역할은 대부분 맛, 냄새, 습관, 사회적 영향력을 통해 학습된 '조건 반응'이라는 것. 즉 먹고 싶다는 생각은 우리가 먹은 음식의 양과 주위 환경, 광고, 과자 포장지의 색깔, 글씨 등에 대한 정신적 반응이 지속적으로 경험으로 쌓임으로써 결정된다고 볼 수 있다. 즉 우리는 먹는 방법도 학습을 통해서 배우는 것이다. 그는 지난 10년 사이 점점 더 많은 사람들이 음식을 즐거움을 위해 먹기 시작했으며 이를 '쾌락 허기'라고 말한다. 바로 이 쾌락 허기가 현재 우리의 여러 가지 식습관을 만들어낸다. 우리가 날마다 식사하는 방식이 언제 무엇을 먹을지 예상하고 기대하도록 가르치는 것이다. 이것을 '음식 기대 활동'이라고 부르는데 이는 유아기부터 성인기에 이르기까지 오랜 시간 동안의 학습에 의한 반응인 것이다.

인슐린에 대하여 알아보자. 인슐린insulin은 우리 몸에서 가장 중요한 호르몬 중 하나다. 음식을 먹을 때마다 혈액 내 인슐린 농도는 높아진다. 단백질과 탄수화물은 인슐린 농도에 지방보다 더 큰 영향을 미친다. 우리가 먹은 거의 모든 음식 중 칼로리를 함유한 음식은 무엇이든 인슐린 수치를 어느 정도 높인다고 한다. 인슐린은 음식에서 나오는 에너지를 지방과 글리코겐 형태로 저장하라는 1차 신호다.

인슐린은 혈액 내의 포도당을 빼내 지방과 근육세포로 이동하도록 촉진한다. 인슐린 수치가 높으면 인체는 저장 모드로 들어가고 인슐린이 상승하면 저장된 지방들은 유출되지 않는다고 한다. 기억해야 할 점이 여기 있다. 인슐린 농도가 높으면? 체지방은 절대로 없어지지 않는다.

인슐린과 관련된 문제가 발생하는 이유는?

우리가 너·무·많·이·먹·기·때·문·에.

그 결과 인슐린 수치가 늘 높은 상태를 유지하고 있는 것이다. 따라서 인슐린 저항성, 당뇨병, 염증, 심혈관계질환 그리고 관련 암 등을 유발하는 것이다.

단식을 하면 인슐린은 어떤 반응을 보일까? 24시간 단식만으로도 인슐린 수치는 크게 감소한다. 체지방을 연소하기 위해서 인슐린 수치가 매우 낮아야 하는데 단식은 인슐린 수치를 낮추는 가장 좋은 방법이다.

혈당이란 혈액 내에 존재하는 포도당의 양을 말한다. 건강하려면 음식물을 먹고 소화시키고 배를 비우는 공복 상태까지를 반복하는 일련의 습관을 길러야 한다. 먹은 뒤에는 충분한 시간 간격을 두어야 하는 것이다. 그러나 우리들은 지·속·적·으·로· 먹는다. 늘 과식한다. 우리가 끊임없이 먹을 때 우리 몸은 지속적인 포도당 공급에 대처하기 위해 분투하고 결국 만성적으로 혈당수치는 상승한다. 이것은 위험하다. 장기적인 건강 문제를 발생시키기 때문이다.

비만과 염증이 있는 사람의 경우는 더욱 심각하다. 또한 장기적인 혈당과다는 직간접적으로 '노화'를 촉진시키는 핵심 요소라고 한다. 말하자면 과·식·하·면·빨·리·늙·는·다.

임상 연구에 따르면, 과식의 영향을 알아보려고 동물에게 혈당을 주사했더니 체내 항산화물질이 감소하고 간 산화 스트레스 및 전신 염증 반응이 증가했다고 한다.

먹는 것을 잠시 중단하라.

12~18시간의 짧은 단식만으로도 혈당을 조절할 수 있다. 정상적인 공복 상태를 만들 수 있기 때문이다. 먹는 것을 잠시 중단하기. 대사체계가 혈당 수치를 여유롭게 바로 잡을 시간을 주는 것이다. 또 하나 체지방과 식사량을 줄이면 우리 몸이 혈당 수치를 쉽게 조절할 수 있는 환경이 조성된다. 덜 먹거나 잠시 먹는 것을 멈춰라.

단식 중에 근육은 지방을 연소하는 기계로 변신한다. 24시간 단식으로 우리 몸은 만복 상태에서 공복 상태로 전환하는데, 이때 지방 분해와 지방 연소가 대폭 증가한다. 즉 우리가 단식하기 시작하면 우리 몸은 지방 저장을 멈추고 지방을 소모하기 시작한다. 단식 후 12시간에서 14시간 후에는 체지방이 몸을 움직이는 주요 연료원이 된다.
텍사스 의과대학 연구진이 발표한 논문에는 단기 단식이 체내 지방 및 당 대사에 어떤 영향을 미치는가에 관한 내용이 담겨 있다.
24시간 동안 단식한 후에는 지방 조직에서 유리되는 지방의 양과 연료로 산화되는 지방의 양이 50% 이상 증가하였다. 18시간에서 24시간의 짧은 단식만으로도 체지방 연소가 대폭 증가하는 것이다.

　최근 연구에서는 단식이 지방을 연소시키는 주요 호르몬을 활성화하는 데 운동보다 효과가 더 뛰어나다는 사실이 입증됐다고 한다. 최근에 발견된 ATGL이라는 호르몬은 저장 지방에서 지방을 유리하는 첫 번째 단계를 담당하는데 이 ATGL은 HSL(Hormone Sensitive Lipase)이라는 효소와 함께 지방 조직이 저장 지방을 연료로 사용하게 한다. 이때 단기 단식이 운동보다 훨씬 더 강력한 효과를 발휘한다.

　인슐린은 만복 상태에서 활동하는 호르몬으로 음식의 칼로리를 지방과 글리코겐 형태로 저장시킨다. 반면 글루카곤은 공복 상태에서 우세한 호르몬으로 지방 연소를 유발한다. 즉 인슐린은 지방을 저장하고 글루카곤은 지방을 연소한다. 두 호르몬은 둘 다 췌장에서 분비된다. 인슐린의 1차 역할은 '만복 상태'에 있는 동안 혈당 수치를 일정하게 유지하는 것이고, 글루카곤의 1차 역할은 '공복 상태'에서 혈당 수치를 일정하게 유지하는 것이다.

인슐린은 혈당이 지나치게 높아질 것 같으면 여분의 당을 저장하라는 신호를 보내 혈당 수치를 유지한다. 글루카곤은 혈당이 너무 낮게 떨어질 위험이 있을 때 지방조직에 당을 배출하라는 신호를 보낸다.

글루카곤은 혈당 수치를 조절하고 지방 연소를 증가시키고 콜레스테롤 생산을 감소시키고 남은 체액의 배출을 증가시킨다. 일반적으로 늘 만복 상태에 있는 우리들의 경우 우리는 거의 하루 종일 인슐린이 대사를 지배하고 있다. 이때 먹는 것을 간헐적으로 끊으면 우리 몸은 인슐린의 대사 지배와 글루카곤의 대사 지배 사이에서 균형을 회복할 수 있는 것이다.

에피네프린과 노르에피네프린은 '싸움 혹은 도주' 호르몬이다. 이를 흔히 아드레날린과 노르아드레날린이라고 부르며 이를 합쳐 카테콜아민이라고 부른다. 이 호르몬들은 스트레스 상황에서 분비된다. 스트레스 상황이란 단식의 경우처럼 음식이 끊어진 상황, 혹은 강도 높은 운동을 하는 상황 등이다. 이 호르몬들이 혈루로 분비되면 에너지 저장고로부터 당 유리가 촉발되고 지방 연소가 증가한다. 각성 효과도 유발된다. 단식은 이 두 호르몬의 혈중 농도를 증가시켜 저장된 지방을 태울 수 있게 만드는 것이다. 늘 이 두 호르몬의 수치가 높아서도 위험하지만 운동과 단식을 통해 가끔씩 조건을 조성해주면 지방을 제거할 수 있고 집중력과 주의력을 향상시킬 수 있다고 한다.

성장호르몬은 성장을 유지하는 기능과 공복 시에 체중을 유지하는 기능을 수행한다. 체내 성장호르몬 분비를 늘리고 싶다면 "굶어라."

연구에 따르면 단기 단식은 성장호르몬 수치를 무려 6배나 증가시켰다. 단식은 '성장호르몬 반응'을 촉발하고 이 반응은 단식 중 근육의 손실을 막아준다. 성장호르몬은 단식으로 증가되는 유일한 단백 동화 호르몬이다. 성장호르몬은 단식 기간 중 혈당을 건강한 수준으로 유지하는 데에도 중요하다. 성장호르몬은 단식 중 근육이 줄어들지 않도록 막아주며 저장 지방을 유리시켜 에너지 생산에 사용하는 과정에서도 중요하다. 또한 저장 지방에서 유리된 지방이 근육에서 연료로 연소될 수 있게 하는 핵심 효소들을 조절한다. 음식을 먹으면 성장호르몬이 분비되지 않는다. 반대로 굶으면 성장호르몬 분비가 촉진된다. 음식을 먹으면 체지방을 유리시켜 연료로 사용하지 못하지만 단식하면 체지방을 유리시켜 연료로 사용할 수 있다. 말하자면 공복

시에는 저장되어 있던 지방들이 활발히 연료로 사용되는 것이다. 흥미로운 사실은 비만인 사람이 성장호르몬 수치가 빠르게 억제된다고 한다. 특히 복부 지방이 많은 사람은 더 그렇다. 비만은 성장호르몬 수치를 낮추고 과식은 성장호르몬 분비를 빠르게 억제한다. 2011년 연구로는 3일만 과식해도 성장호르몬 수치가 80%가 억제되었다.

성장호르몬을 자연스럽게 증가시키는 가장 좋은 방법인 단식, 운동, 숙면은 뛰어난 지방 연소 효과를 발휘하지만 또한 수명 연장과도 관련이 있다. 이 모든 장점은 복합적으로 작용해야 한다. 즉 균형과 조화가 관건이다.

일주일에 한두 번의 단식만으로도 인슐린 대사 지배와 성장호르몬 대사 지배의 균형을 맞출 수 있다면 단식하는 습관은 당연한 수순이 아니겠는가?

염증은 신체 생리의 복잡한 일부다. 염증과 부종은 그 부위에 해를 주는 원인을 없애려는 시도 중 하나다. 이 반응은 통증을 만드는 자극을 제거하고 치유 과정을 시작함으로써 인체를 보호하기 위한 노력이다. 염증이 없으면 상처나 감염이 낫지 않는다. 하지만 만성 염증은 영양 과잉, 과도한 체지방이라는 만성적인 유해 자극에 대한 신체 반응이다. 즉 남아도는 지방과 비대한 지방세포 자체가 염증을 유발하는 '유해한 자극'인 셈이다.

체지방 수치가 높으면 비록 낮은 수준이라도 만성적인 염증이 발생한다고 한다. 염증은 암과도 관련이 있다.

"만성 염증으로부터 발현되는 만성 자극이 암을 유발하는 핵심 인자다."

1800년대 후반 독일 병리학자 피르호의 연구 결과다.

만성 염증은 비만 환자나 과식하는 사람들 사이에서 많이 나타난다. 남아 도는 체지방이 만성 염증의 주요 원인이다.

만성 염증이 조금만 증가해도 근육의 강도가 약해지고 근육 생성 능력이 감소할 수 있다. 즉 노화 과정의 원인이며 결과이기도 하다. 굶어라.

브래드 필론의 [먹고 단식하고 먹어라]에서 그가 말하는 단식은 칼로리 섭취를 줄이는 효과적인 방법인 동시에 만복과 공복 사이의 정상적인 균형을 회복하는 가장 쉽고 용이한 지름길이다. 우리는 지금 너·무·많·이·먹·는·다. 그렇다면?

멈춰라. 굶어라.

때로 한 번씩, 일주일에 한두 번씩 의도적으로 간헐적 단식을 선택하라. 그러면 이미 몸 속에 쌓여 있던 불필요한 지방들이 소실되기 시작한다. 단식을 통해 균형을 얻으면 체지방 수준이 감소하고 염증이 줄어들고 질병의 위험도 줄어든다. 노화를 예방할 수 있고 깨끗한 세포를 유지할 수 있다. 단식은 암, 당뇨병, 심혈관질환, 염증 등 다방면에 뛰어난 질병 예방 효과가 있다. 일주일에 한두 번 24시간 먹을 것을 끊는다. 당신의 몸이 맑아질 것이다. 끊어라. 멈춰라. 굶어라.*

> 언젠가 동물 살해를 인간 살해와 똑같이 보는 때가 올 것이다.
> —레오나르도 다 빈치*

14. 세상을 향해 외치는 생명의 소리를 들어라

　1994년 '레이첼 카슨 상'을 수상한 존 로빈스는 세계 최대 아이스크림 회사인 베스킨라빈스의 상속자였다고 한다. 그의 집 뒤뜰에는 아이스크림콘 모양의 수영장이 있었고 자라면서 줄곧 베스킨라빈스를 물려주겠노라는 이야기를 듣고 자랐다. 그러나 결정의 시기가 왔을 때, 그는 "그러지 않겠다"고 말했다. 그는 생명에 대한 경외심을 기반으로 모든 생명체가 함께 나눌 수 있는 그런 사회를 꿈꾼다. 그는 지구의 곤경을 자신의 것으로 느끼면서 우리가 사는 세상을 존중하고 보호해야 할 책무를 느낀다. 인간만을 중심으로 생각하는 잔인하고 무책임한 생명 경시 현상을 그는 걱정한다. 지난 몇 십 년 사이 미국의 육류 제품과 유제품, 달걀 생산을 위해 길러지는 동물들이 점점 더 처참한 상태에 내몰리고 있음을 그는 지적한다.

그는 <육식, 건강을 망치고 세상을 망친다>를 통해 이 상황들을 우리에게 알려준다.

잔인하게도 동물들을 인간이 식용할 수 있도록 상품화하기 위해서는 다양한 화학약품들이 필요하다. 결과적으로 수없이 많은 화학약품이 축적된 동물들을 인간들은 식품으로 취하고 있다. 그들은 인간의 먹이로 사육되기 위해 더 많은 호르몬제와 살충제, 항생제를 강제로 복용하고 있다.

또한 사육되는 동물들은 인간들에게 고기를 제공하기 위해 처참한 불행에 처해진다. 우리가 고기라고 온갖 양념을 해 식탁에 올려 놓고 한 입 베어 물 때마다 우리는 사실 그들의 고통과 질병을 함께 입 속으로 집어넣고 있는 것이다. 그는 먹는 행위는 즐거워야 한다고 말한다. 축복이며 생명과 생명이 만나는 친교의 순간이 되어야 한다고.

사실 요즘 유행하는 심장병, 암, 골다공증, 심장마비, 뇌일혈

기타 여러 질병의 원인들이 이들 동물들을 과다섭취하기 때문이라는 사실을 그는 우리들에게 알리고 싶어한다.

콜레스테롤과 포화지방, 인공 호르몬, 항생제에 내성을 갖게 된 박테리아와 온갖 발병 물질들을 우리는 우리가 섭취하는 동물들을 통해 선물 받는다.

동물들에게는 생명에 대한 연민이나 사랑, 경외심 같이 인간이 느끼는 차원 높은 감정들이 존재하지 않는 걸까? 동물들은 마음이나 영혼이 없는 본능과 기계적인 반사신경 덩어리에 지나지 않는 것일까?

동물도 복잡미묘하며 아름답고 신비로운 창조물로 존중 받을 수는 없는 것일까?

존은 우리의 이러한 정신적 타성은 교회나 데카르트 같은 사상가들의 영향이 클 거라고 본다. 데카르트에게 육체와 정신은 별개였다. 사고와 감정은 육체가 아니라 정신의 속성으므로 육체 그 자체는 한낱 기계장치에 불과하다고 생각했다. 인간은 정신을 지니고 있으되 동물들은 영혼이 없고 따라서 감정을 느낄 수도 없을 거라고 결론지었다. 그는 동물들을 태엽과 용수철, 톱

니바퀴, 추로 이루어진 손목시계나 벽시계에 비유하곤 했다. 데카르트의 생각대로 동물들은 진정으로 한낱 기계장치일 뿐이고 따라서 고통을 느낄 수 없는 것일까? 그래서 그들을 음식의 일부로 취하고 스포츠의 대상물로 몰아가는 것이 당연하거나 정당한 것일까?

위스콘신 큐어스컵의 신사들은 연례행사인 키와니스 칠면조 사냥대회를 즐긴다. 그들은 가로 막대에 칠면조들의 다리를 묶어놓고 머리를 과녁 삼아 총을 쏜다. 칠면조들은 날 수도 없는 상태에서 만취한 축제 참가자들이 쏜 총알을 맞고 또 맞으며 죽어간다. 칠면조는 고통을 느끼지 않는다고 생각하는 것이다. 살아있는 생물인데 어떻게 고통을 느끼지 못하겠는가?

리차드 서전트는 <고통의 스펙트럼>에서 이렇게 말했다.
"사실에 근거한 낱낱의 증거들은 고등 포유동물이 적어도 우리만큼 예민하게 고통을 느낀다는 주장을 뒷받침한다. 직접 고통을 느끼지는 않는 대뇌 피질의 복잡도와 상관없이 그들의 신경계는 우리의 신경계와 거의 동일하고 고통에 대한 반응도 놀랄 만큼 유사하다..."

동물도 고통을 느끼고 사랑 받기를 원한다. 인간이 서로에게 사랑 받고 또 줄 필요가 있듯이 사랑은 우리 영혼의 양식인 것이다. 위스콘신 대학의 해리 할로 박사는 인간과 비슷한 영장류들의 삶에서 사랑과 애정이 미치는 영향을 연구해왔다. 한번은 어린 원숭이들을 어미 원숭이에게서 떼어놓는 실험을 강행했다. 결과는?

"그들은 극단적인 신경증과 심지어는 정신병의 여러 징후들을 보였다. 대부분의 어린 원숭이들이 다른 원숭이나 사물이나 환경에 어떤 흥미도 잃어버린 채 멍하니 앉아 하늘만 보며 지냈다. 고통스런 자세로 잔뜩 몸을 웅크리고 있거나 자기 이빨로 제 살을 물어뜯는 등 정신병원에 수용된 성인 인간들과 같은 반응을 보였다."

학자들은 인간과 동물의 지능 형태는 다르다는 사실을 증명하기 위한 생물학적 근거를 찾기 위해 많은 실험을 해왔다. 그러나 과학자들은 다음과 같은 사실을 알아냈을 뿐이다.

"....인간과 다른 동물들은 우리가 생각하는 것과는 달리 그다지 차이가 없다. 오히려 놀랍게도, 유사성이 차별성보다 훨씬 많다. 사람의 뇌와 포유류의 뇌 사이의 깜짝 놀랄 만한 유사성은 뇌전도(EEG) 기록의 전기작용 패턴에서도 드러난다. 한 예로, 개는 사람과 같은 양상의 전기 작용을 보이는데, 깨어 있을 때와 완전수면 상태에 있을 때, 꿈꿀 때, 백일몽을 꿀 때의 EEG패턴이 사람과 거의 흡사하다. 중추신경계와 내분비계의 화학작용 면에서도, 사람과 여타 동물들 사이에는 구별 가능한 유형상의 어떤 차이도 없다. 예컨대 스트레스와 분노의 생리 상태나 감정 상태의 생화학적 특성까지도 쥐와 사람이 거의 차이가 없는 것이다."

존은 갓 태어난 새끼 사슴과 알에서 막 깬 새끼오리, 갓난 송아지 등 사람의 아기를 포함하여 모든 동물의 갓 태어난 새끼에게는 언제나 경외심을 자아내는 뭔가가 있다고 느낀다. 그들에게는 그들만의 광채가 있다고 생각한다. 그들은 만물을 소생시킬 듯한 신선함을 발산한다고 존은 느낀다. 존은 살아 있는 것들의 생명은 하나의 뿌리에서 나왔다고 생각한다. 그들도 우리처럼 그들 안에 있는 신성한 불꽃의 도움으로 그들만의 자질을 표현하기 위해 신의 무릎에서 태어난다고. 그들도 우리처럼 삶을 갈망하고, 존재 자체로서 인정받고 그들이 될 수 있는 모든 것이 되기를 바라며 태어나는 거라고. 동물들도 우리 세계의 일부이고 우리 존재의 일부라고. 그들은 우리에게 또 다른 삶의 일부라고. 만약 그들이 없으면 세상은 얼마나 쓸쓸하겠느냐고 우리에게 묻는다.

그 또한 대부분의 우리들처럼 자신의 식습관이 세계에 미치는 영향을 미처 생각하지 못하고 성장해왔다. 고기를 만들기 위해 동물들이 살해된다는 사실을 분명히 알고 있었지만 그게 자연의 섭리고 먹이사슬의 원칙이라고 여겼다. 그러나 그가 경악했던 것은 오늘날 미국 음식에 쓰이는 동물들이 그냥 살해되는 것이 아니라는 사실 때문이었다. 그들에게는 그 이상의 뭔가가 자행되고 있었던 것이다. 그는 동물들에게 벌어지는 실상을 알기 위해 노력하기 시작했다. 그리고 영원히 바뀌어 버렸다.

닭에서 시작해보자. 우리는 닭을 겁쟁이와 동의어로 사용한다. 그러나 수탉은 자부심과 사나움, 불굴의 의지를 가지고 있다. 암탉 또한 그리 겁 많은 동물이 아니다. 암탉은 제 새끼들을 지킬 때는 힘이 월등하게 센 상대에게도 겁 없이 달려든다.

예전의 닭들은 흙 속에서 애벌레와 지렁이, 풀 따위를 알아서 찾아먹는, 놓아 먹이는 새였다. 그들은 해와 바람과 별을 알았다. 빛과 어둠의 자연 순환에 같이 조율되어 있는 존재였다. 따라서 그런 닭을 식용으로 하는 인간들 또한 해와 바람과 별을 먹는 것과 같았고 빛과 어둠의 자연 순환에 자연스럽게 동조할 수 있었을 것이다. 그러나 오늘날에는 모든 것이 변했다. 닭은 더 이상 자연에서 먼동이 틀 무렵 새벽을 알리며 노래하지 않는다. 양계는 산업화되었고 공장의 조립 라인에서 생산 되어지고 있다.

슈퍼마켓에서 보는 식용용 닭은 깨끗하고 깔끔하고 먹음직하다. 그러나 그들은 양질의 고기를 인간에게 선사하는 존재들이 더 이상 아니다. '농'장이 아닌 '공'장에서 '제조'되고 있기 때문이다. 닭들은 이제 전 생애를 자연광이 전혀 들어오지 않는 건물 안에서 태어나고 죽는다. 기계화된 닭 생산 세계에서 자부심 강하고 감수성 예민한 이 동물들이, 살아 숨쉬는 동물로서 마땅히 받아야 할 감정이나 연민을 받지 못한 채, 영혼을 완전히 무시당하며 제품으로서의 기능밖에 하지 못한다. 그들은 자신들이 가진 자연적인 욕구의 모든 표현을 체계적으로 박탈당했다. 그저 21세기 공장에서 생산되는 제품으로서의 닭들은 인간이 원하는 대로 소비되는 물건이고 원료일 뿐이다. 이제 그들은 오븐에서 요리되기 위해 브로일러broiler로 길러지고, 알을 얻기 위해 레이어layer로 불린다. 닭은 이제 식품으로서의 기능 이상을 하지 못한다.

"오늘날의 레이어(산란 닭)는 무엇보다도 원료인 사료를 최종 생산물인 달걀로 바꾸어내는 매우 효율적인 기계일 뿐이다. 물론 유지보수도 그다지 필요하지 않다." [농부와 축산업자]

닭 공장에서 병아리가 태어나면 어떻게 될까. 그들은 말 그대로 내팽개쳐진다. 부화장에서는 병아리 감별사들이 각각의 쟁반에서 수컷만을 추려내어 통 속에 넣어 바로 질식사시킨다. 미국에서는 매일 50만 마리 이상의 병아리들이 이런 식으로 태어나자마자 질식사된다고 한다. 브로일러 병아리들은 기계화된 부화장에서 컨베이어 벨트를 타고 몇 만 마리 단위로 양계업자에게 넘겨진다. 브로일러들은 두 달이면 성숙한 나이가 된다. 닭장은 바닥에서 천장까지 선적용 나무상자처럼 켜켜이 쌓인 창문 없는 창고다. 이 환경은 닭을 위한 것이 아니라 양계업체의 이윤을 극대화할 수 있도록 만들어진 체계적인 시스템이다. 닭들의 자연스런 욕구와 최소한의 안락, 그들의 건강은 전혀 반영되지 않는다. 모든 측면은 기업의 경비 지출을 최소화하고 최대한 빨리 자라게 성장 촉진제를 투여하고 최대한 많은 달걀을 낳도록 조절된다. 그들은 작은 공간에 닭들을 대량 사육한다. 그래서 광폭한 행동이 끊이지 않자 양계업자들은 기발한 아이디어를 생각해냈다. 부리를 없애는 것. 그들은 닭의 부리를 잘라내는 것이 사람 손톱 밑의 부드럽고 예민한 생살처럼 매우 민감하고 섬세한 조직을 잘라내는 것이라는 사실에는 관심이 없다. 부리를 잘린 닭들은 가끔씩 새로운 부리가 울퉁불퉁하게 자라나기도 한다. 문제는 물을 마시는 데 어려움을 느끼거나 전혀 물을 마실 수 없는 상황에 처하게 된다는 것이다. 공장 책임자들에게 이런 일들은 곤혹스럽다. 왜? 닭들이 고통스러워하기 때문이 아니라 무게가 나가지 않으면 상품가치가 떨어지기 때문에.

닭들이 공포에 질려 이따금 날아오르기도 하다 보면 서로의 몸 위에 겹겹이 올라타기도 한다. 양계업자들은 이 문제를 해결하기 위해 닭들이 거의 움직일 수 없는 철망 닭장 속에 닭들을 빼곡히 처넣었다. 몸을 움직이기 힘들면 서로의 몸에 쉽게 올라탈 수 없으리라 생각했기 때문이다.

뉴욕 마운트 모리스 헤인스워스 농장에서는 가로 세로 30센티미터 닭장 안에 암탉을 5마리까지도 쑤셔 넣기도 했다. 그들이 생각하기에 이것은 나쁜 일이 아니다. 난방비를 줄일 수 있기 때문이다. 몸을 자유롭게 움직일 수 없는 곳에서 닭들의 발톱이 다 자랄 대로 자라 철망과 뒤엉켜버리기도 한다. 가끔은 발가락의 살이 철사를 빙 둘러가며 자라기도 한다. 그래서 또 양계업자들이 생각해 낸 것은 병아리가 태어나 하루나 이틀 정도 되면 병아리의 발톱을 뽑아버린다고 한다.

'닭의 천국'으로 소비자들에게 선전되는 닭 공장의 닭들은 이윤을 극대화하고 비용을 최소화하려는 양계업자들에 의해 인공 조명 아래서 살아야 한다. 브로일러는 흔히 첫 2주 동안 24시간 내내 밝은 빛 아래 놓인다. 그런 다음 조명을 조금 낮추고 2시간마다 켰다 껐다를 반복한다. 6주쯤 지나면 닭들은 거의 완전히 미쳐버리므로, 조명을 완전히 꺼서 닭들을 진정시킨다. 그러나 이쯤 되면 에너지와 욕구를 분출할 출구가 없는 닭들이 서로를 고통스럽게 쪼아대기 시작한다.

어린 레이어 암탉에게 비추는 조명은 조금 다르다. 이들은 모이 주는 시간을 제외하고는 칠흑 같은 어둠이 계속되는 양육용 건물에서 자라다가 알 낳을 시기가 되면 눈부신 빛에 쉼 없이 내리쪼인다. 알 낳는 속도가 느려지기 시작하면 '강제 털갈이'라는 방법이 사용된다. 탈진한 암탉을 갑자기 칠흑 같은 어둠 속에 던져버리는 것이다. 인공 조명도 꺼버리고 동시에 모이와 물도 주지 않는다. 이틀쯤을 물도 모이도 조명도 없이 굶긴 다음 물만 조금 주고 다시 조명과 모이도 정상 상태로 돌려놓는다. 이 과정에서 살아남은 암탉들은 충격을 받아, 자연상태에서는 철이 바뀌면서 일어나는 털갈이 현상과 유사한 생리적인 변화를 겪으면서 약 두 달 동안 더 높은 생산성을 유지하다가 마침내 죽음에 이른다. 농장주들은 암탉이 죽기 30시간 전에는 모이를 주지 못하게 명령한다. 왜냐하면 죽기 전 마지막 30시간 동안 먹은 모이들은 살로 가지 않기 때문이다.

오븐용 고기로 쓰일 브로일러는 몸무게를 늘려야 한다. 양계업자들의 이 전략에 따라 몸무게를 늘리다 보면 때로 그 뼈대가 몸무게를 더 이상 지탱하지 못하는 닭이 생겨난다. 닭들은 몸무게를 지탱하고 있기가 힘들어 '엉덩이를 바닥에 대고' 웅크리고 있다. 뼈가 부러지는 일은 자주 일어난다. 많은 닭들이 발이나 다리가 부러져 고통스러워하면서 쭈그리고 앉아 있거나 절룩거린다. 그러나 다리를 저는 것은 살아 있는 동물에게는 문제가 될지 몰라도 고기로 팔릴 때의 값에는 아무 문제도 되지 않는다. 절룩거리건 멀쩡하건 고기로 팔릴 수 있기 때문이다. 생명을 지닌 존재로서가 아니라 인간에게 식용으로 쓰이기 위해 생산 양육되는 고기로서의 닭들.

캐나다 사육동물 연구소 사람들은 더 진취적인 생각을 하고 있다고 한다.

"지금 동물연구소에서는 다리 없는 짐승들과 깃털 없는 닭을 개발하려고 노력하고 있습니다."

오늘날 미국에서 기르는 모든 닭들은 태어나면서 죽는 순간까지 항생제가 섞인 모이를 먹는다. 항생제가 없다면 이윤을 얻기도 전에 이런저런 이유로 죽어버릴 것이기 때문이다. 그래서는 절대로! 안 되므로 닭들은 술파제, 호르몬, 항생제, 니트로푸란 등을 꾸준히 공급받는다. 비소화합물도 꾸준히 먹어야 한다. 그 결과 닭들은 사실 식용으로서의 기능을 상실한다. 역설의 순간이다. 그런 고통과 좌절과 독약으로 뭉친 닭들을 우리는 맛있게 먹는다. 그리고 그 결과 온갖 질병을 얻는다.

오늘날에는 많은 닭들이 '닭장 속 레이어 피로증'이라는 고통을 겪는다. 수없이 많은 강제적이고 고통스러운 조건과 수없이 많은 약들을 복용함으로써 뼈와 근육에서 광물질이 빠져나가 결국엔 서 있을 수가 없게 된다. 그렇게 건강으로부터 소외된 고깃덩어리를 인간들은 맛있게 온갖 방법으로 조리해 혀에 좋은 음식을 만들어 도란도란 식탁에 앉아 행복하게 나눠먹는다.

<동물 공장>을 쓴 피터 싱어와 짐 메이슨은 이렇게 말한다.
"닭 공장에 흔한 비타민 결핍은…성장 지체와 눈의 손상, 시력 상실, 무기력증, 콩팥 손상, 성 기능 교란, 뼈와 근육 약화, 뇌 손상, 마비 증세, 내출혈, 빈혈, 부리와 관절의 기형화 등 온갖 증상을 초래한다. 또한 영양소 결핍과 여타 공장 환경이 몸의 각 부분을 다양한 형태의 불구로 만든다. 닭들의 약해진 뼈, 이완된 힘줄, 비틀린 뒷다리, 부풀어오른 관절 등은 광물질 부족현상들이다… 또 닭의 척추가 기형화되고 목이 뒤틀리고 관절에 염증이 생기는 질병도 있다."

닭들은 병으로 만신창이가 된다. 이 때문에 전염병이 옮을 위험도 높아 미국 노동국에서는 닭 가공 산업을 모든 업종 중 가장 위험한 업종 중 하나로 등재했다고 한다. 존은 무서운 광경을 보고 너무 놀라서 그게 닭인지조차 알아보지 못한 적도 있었는데 깃털이 다 빠지고 살갗이 온통 벗겨져서 뻘건 채인 모습을 본 것이다. 그는 닭이라기보다는 차라리 걸어 다니는 살덩어리처럼 보였다고 말한다. 오늘날 닭의 건강문제는 너무 심각하다. 히스테리 증세를 보이며 벗겨진 피부를 닭장 철망에 끊임없이 비벼대서 이들 상당수가 암에 걸려 있다고 한다. 미국 정부 보고서에 따르면 전국 대다수 양계장 닭들의 90% 이상이 닭암인 레우코시스에 걸려 있다고 한다.

우리는 고문 받고 고통 받는 생물의 몸통을 브로일러라고 부르며 오븐에 넣어 조리해 먹고 산란 닭인 레이어들이 인공 조명에 눈이 빨개져 휴식 없이 스트레스 덩어리인 채로 끊임없이 생산하는 달걀 모양의 가짜 달걀을 먹는다. 닭들에게 놓은 호르몬과 항생제를 결국 최종 소비자인 우리들이 먹는다. 고기와 노른자가 '건강해 보이도록' 첨가한 노란색 염료를 먹는다. 살아 있는 생명체에게 엄청난 고통이 가해지고 있다는 사실을 알면서도 먹는다. 닭들이 용의주도하게 고안된 암흑과 인조광선 속에서 비참하게 조직적으로 고통당하며 낳은 모든 것들을 맛있게 먹는다. 그들의 질병과 비참함과 공포를 먹는다. 그들이 죽기 전까지 몸 속에 켜켜이 쌓아놓은 고통과 원한을 함께 먹는다.

    식품은 에너지원이다. 우리는 영양분만을 섭취하는 것이 아니라 음식이 가진 햇살과 바람과 행복과 불행과 고통과 분노와 절망까지를 함께 섭취하는 것이다. 음식은 우리 몸의 피와 살이 되기도 하지만 일정 부분 우리의 영혼을 형성한다. 음식은 단지 그냥 음식이 아닌 것이다.

    만약 제대로 된 양계식품을 먹고 싶다면 직접 닭을 기르거나 개인적으로 잘 아는 사람에게 사 먹는 것이 가장 안전하고 확실한 방법일 것이다.

    또 하나의 대안은 양계식품을 끊는 것이다. 단백질과 다른 필수 영양소들이 걱정되는가? 오히려 이들 식품들은 심장병, 암, 뇌일혈, 여타 심각한 질병들을 만연시키는 데 기여하고 있을 뿐이다. 우리 모두가 개개인의 다른 욕구, 다른 감정적 조합, 다른 생화학 메커니즘, 각자의 삶, 각자의 길이 있겠지만 존은 제안한다. 우리들 각자의 선택과 그 선택 결과에 대해 책임을 지는 우리가 되자고. 이곳은 인간만을 위해 만들어진 세상이 아니라고. 함께 손잡고 가는 세상이라고. 가축들은 기계가 아니라 소중한 생명이라고. 소외되고 일방적인 관계 속에서 행복을 찾을 수는 없다고.

    그는 또 말한다. 우리 중 자신의 행동과 선택이 가져올 결과에 대해 면책 특권을 가진 사람은 아무도 없다고. 누구나 뿌린 대로 거두는 법이니.*

> 가장 좋은 아침식사는 아침 공기와 긴 산책이다.
> —헨리 데이비드 소로우*

15. 실행의 밥: 실행#에 대하여

전적으로 고립된 것은 인식될 수 없다. 인식이란 깨어남이다. 인식이란 나의 상황과 관계를 이해 가능한 연관 안으로 편입시키는 것을 말한다. 그것은 단순히 바라보는 것, 아는 것만으로는 충분하지 않다. 우리는 대부분 아는 것이 많은 사람들이다. 정보화 사회, 첨단 기술 문명 속에서 살고 있기 때문이다. 손 안에 쥐어지는 컴퓨터인 휴대폰을 요즘 우리 사회에서는 대여섯 살 아이들도 가지고 있다. 편리와 실용과 돈을 우선시하는 위험한 발상이지만 이것이 작금의 문화와 문명의 대세다. 대세라면, 그것이 대중화되어 있는 다수의 문화라면, 그것은 적절하고 알맞으며 맞춤하고 유용한 것일까? 진정으로 유용하고 유익하다는 것은 어떤 의미를 지니는 것일까? 안다는 것과 행한다는 것의 차이는 무엇일까? 작금의 사회에 지식인들은 많지만, 그 많은 지식인들이 몸에 대한 지식을 제대로 인식하고 다음 단계인 실행의 단계까지 가지 못하는 것은 무엇을 의미하는 것일까?

쓰레기 음식이 나쁘다는 것은 누구나 알고 있는 보편적인 사실이다. 그러나 나쁘다는 것이 질병으로 유도된다 하더라도 그 영향이 나 자신에게까지 직접적으로 영향을 미치리라는 생각은 하지 않는다. 나는 특별한 존재이기 때문이다. 식습관을 바꾸지 않으면서 감히 건강하기를 바라고 온갖 보약을 찾아 다니고 종합비타민제를 먹고 비싼 붉은 고기를 매 식탁마다 올리며 부와 권세를 과시한다. 많이 가지고 있어서 부자인 것이 아니라 진정한 부자는 많이 나누어주는 사람이라는 사실도 모르면서 가지고 있는 물질들을 과시하고 권세를 휘두른다. 영적으로 깨어 있지 못해 동물적 감성에서 벗어나지 못했으면서도 감히 만물의 영장이라 오해한다.(모든 것은 중의적 의미를 지닌다. '동물적'

이라는 표현은 베이컨의 동굴의 우상적인 표현일지도 모른다. 여기서는 '욕망을 제어하지 못하는' 혹은 '욕망만을 따르는' 등의 의미로 이해해 주기 바란다.)

    욕망의 주인으로서 기능하지 못하고 욕망의 노예로 살면서도 욕망을 제어하고 사는 것처럼 착각한다.

    하이데거는 존재에 대하여 고찰하던 철학자다. 하이데거는 존재란 '있음'을 의미한다고 설명한다. 존재자는 사물이든 생명 있는 것이든 '있는 것'을 의미한다. 인간만이 의식을 지닌 존재이므로 인간은 '현 존재'라고 칭한다. 의식이 있어 생각할 줄 알고 사유할 줄 알고 통찰할 줄 안다고 전제하는 것은 잘못된 논리이다. 인간이 다른 존재자들과는 달리 '인식할 수 있는' 기본적인 조건은 갖추고 있을지 몰라도 그것을 의식적으로 개발하지 않으면 죽을 때까지 깨어나지 못한 채로 죽을 수도 있다. 하이데거는 존재, 즉 '있음'이란 한정되고 규정된 것이 아니라 무한하고 절대적인 것이라고 말했다. 무한하고 절대적인 것으로서의 존재는 그의 고유한 존재와 진리를 향하고 이러한 고유한 존재와 진리를 통해 '있는 것'인 존재자는 한낱 기능으로서의 의의를 넘어서 자체적인 의의를 갖게 된다고 말한다. 그가 말하는 존재는 인간만을 지칭하는 것이 아니다. 생명 있는 모든 것을 지칭한다.

하이데거는 우리가 존재의 관점에서 세상을 바라볼 때에야 비로소 '신'이라는 존재자도 새롭게 경험할 것이라고 제안한다. 인간만이 '존재'로서 존재하고 있는 세상이 아니다. 인간이 '존재자'로서 존재하고 있다면, 그래서 따로 '현―존재'라 표현할 수 있는 독특한 존재라면 목숨을 가진 모든 것들 또한 그들만의 고유한 존재성을 지니고 있음을 인정해야 한다는 것이다. 그래야만 최종적인 존재의 궁극인 '신'에 대해서도 말하고 느끼고 경험할 수 있는 우리가 될 수 있지 않겠느냐고 그는 우리에게 속삭이고 있는 것이다.

실행되지 않는 이론은 공허하다. 알고만 있다는 사실만으로는 부족하다. 알면 행해야 한다. 아는 것과 행하는 것이 일치되었을 때 즉 언행일치가 가능할 때에야 비로소 인간은 한 단계 일진보할 수 있는 것이다.

필자가 43킬로그램의 몸무게였을 때 필자는 늘 저혈압이었다. 헌혈도 할 수 없었다. 에너지가 넘치다가도 어느 순간을 넘으면 에너지가 갑자기 방전되는 느낌을 받았다. 하지만 먹거리를 들여다보고 문제점을 파악하고 그것들을 내 몸뚱이 안에 들이지 않게 되면서부터 피로도가 줄어들기 시작하고 지구력이 늘어나기 시작했다. 밤12시가 되어도 에너지가 고갈되지 않았고 새벽에 눈을 떠도 피곤하지 않았다. 지금도 하루에 1,000킬로미터를 운전하고 나서도 별로 피곤하지 않고 거뜬하다. 하루 13시간쯤 책과 관계를 맺을 때에도 머리는 피곤해지는 게 아니라 도리어 점점 맑아지는 것 같다. 커피를 끊고 나자 피가 맑아지는 느낌이 들었다. 필자의 집중력은 매우 깊어졌다. 아무리 시끄러운 시장통이나 백화점 한가운데 있더라도 책을 펼치기 시작하면 주변이 고요해지고 평화롭다. 소음이 집중을 방해하지 못한다. 집중의 순간들이 일상이 되자 상황을 일목요연하게 바라볼 수 있는 주의력 또한 깊어졌다. 시간이 지날수록 건강해지는 느낌이 든다. 10년이 넘는 시간 동안 꾸준히 먹거리를 바꿔왔기 때문이다. 지금은 이것이 쓰레기음식일까 아닐까를 본능적으로 안다. 물론 사회생활을 해야 하므로 군소리 없이 내 앞에 놓인 음식들을 맛있게 먹는다. 뇌와 대화가 가능하기 때문이다. 나와 뇌, 나와 생각을 분리시키는 것이 가능해졌다. 이 모든 것이 많이 먹어서가 아니라, 보약을 먹어서가 아니라 독약을 끊은 결과물이다.

 문제는 '맛'에 있다. 먹거리의 기준을 '맛'에 두기 시작하면서부터 건강의 마지노선은 무너지기 시작한다. 문제는 '맛'이 아니다. 영양가에 있거나 얼마나 건강한 음식이냐에 있다. 기준점을 과감히 바꾸지 않는 한 나는 언제나 질병의 가능성을 보다 더 많이 안고 살아가게 된다. 질병이라는 위험을 감수하면서까지 '맛'에 탐닉하는데 어찌 아프지 않고 건강하기만을 바랄 것인가?

 그것은 언어도단이다. 원인이 있으므로 결과가 있다. 김형석 교수의 지적처럼 건강이란 한 순간에 이루어지는 작업이 아니다. 꾸준히 공을 들여야 하는 작업인 것이다. 따라서 몸은 그저 몸뚱아리가 아니다. 몸은 성전holy place이다. 나를 어디로든 데려가는 성전, 나를 진정으로 사랑하게 하는 성전. 내가 누군가와 행복하게 관계 맺도록 매개하는 성전, 내 주변의 모든 사람들과 함께 나눠 가지는 성전인 것이다. 이 성전을 깨끗하고 성스럽게 가꾸는 작업은 결국 나뿐만 아니라 우리 모두의 행복에 도달하게 한다. 건강해야 뭐든지 할 수 있다. 건강해야 어디든

갈 수 있다.

스티브 잡스가 56세에 췌장암으로 세상을 떠나면서 간절하게 우리에게 남긴 메시지가 있다. 그는 남들이 부러워할 만큼 높은 고지, 정상에까지 도달한 사람이다. 그러나 누군가가 운전을 대신해 줄 수 있고 돈도 대신 벌어줄 수 있지만 결코 대신 해 줄 수 없는 것이 있으니 그것이 목숨, 삶, 생명이라는 것이라고 죽어가는 마지막 순간 우리를 향해 절박하게 말했다. 그처럼 돈이 많으면 돈으로 무엇이든 살 수 있었을 것이다. 그러나 결국 그를 대신해 죽을 수 있는 사람은 어디에도 없는 것이다. 사랑하면서 사는 동안 행복하게 살고 싶다면 몸뚱이의 건강을 우습게 생각하지 말자. 건강이라는 게 쉽게 얻어지는 것이라 오해하지 말자. 나는 내가 먹은 '바로 그것' 이다. 스트레스도 운동 부족도 나를 아프게 하는데 일조하겠지만 근본적으로 나를 바꾸는 것은 먹거리에 있다. 알아야 한다. 과감히 알려고 해야 한다. 사페레 아우데! 알았으면 다음 단계로 반드시 나아가야 한다. 행동으로 옮기는 일. 아는 것들을 실행에 옮기는 일. 온몸으로 실천할 의지와 의도가 있어야만 우리는 조금씩, 아주 조금씩 눈에 보이지 않게 변화하기 시작한다. 그 변화의 시작점에 우리는 와 있다. '맛'

이 아니라 건강한 먹거리를 선택하라. '혀'가 아니라 온몸의 세포에 끼칠 영향을 먼저 생각하라. 습관이 곧 그 사람이라. 습관은 이미 나의 피와 살이 되어 버렸고 나의 손과 발이 되었으므로 이것을 떼어내기란 얼마나 힘든 일일 것인가. 그러나 그렇다고 살이 썩어가는데 그것을 그대로 놓아둘 수도 없는 일 아닌가.

아플 때는 반드시 이유가 있다. 갑자기 머리가 아프다면 몇 시간 전에 내가 무엇을 먹었는지를 생각해본다. 배가 아프다면 무엇을 먹었는지 생각해본다. 염증이 생긴다면 무엇을 먹었는지 생각한다. 기침을 한다면 무엇을 먹었는지 확인해본다. 설사를 한다면 무엇을 먹었는지 점검한다. 일단 점검 후에는 하나씩 쓰레기음식을 끊기 시작해야 한다. 내 삶에서 사탕, 아이스크림, 커피, 붉은 고기, 쿠키, 케익, 정제설탕으로 만든 음식들, 흰 밀가루로 만든 음식들, 음료수, 인스턴트 음식을 없애야 한다. 그러면 '무얼 먹고 사느냐'고 질문하는 이들이 있다. 찬찬히 주위를 돌아보면 답을 금세 찾을 수 있다. 사과, 감, 배, 포도, 딸기, 당근, 무, 배추, 김치, 된장, 청국장, 고추장, 장아찌, 온갖 종류의 나물들, 시금치, 고구마, 감자, 땅콩, 콩, 오징어, 온갖 종류의 생선, 미역, 다시마, 김, 정제소금이 아닌 진짜 소금, 정제설탕 아닌 것, 흰 밀가루 아닌 것, 흰 쌀밥 아닌 것들을 발품을 팔아서라도 찾아 먹어야 한다. 과일은 껍질째 먹고 야채는 가능한 한 조리하지 않고 먹으며 자연에서 온 자연스러운 것들을 찾아서 먹어야 한다.

필자는 오랜 시간 동안 먹거리를 가려왔지만 최근에는 흰 쌀밥 대신 현미를, 과일과 생 야채를 한 끼 식사로 먹는 습관을 들이고 있다. 스콧과 헬렌 니어링과 헨리 데이비드 소로우를 오래 전부터 알아왔지만 그들의 말에 이제서야 더욱 귀를 기울이게 된 것 같다. 당근도 씻어서 생으로, 무도 씻어서 그대로 먹는다. 돌나물도 씻어서 된장에 찍어 그냥 먹는다. 김이나 미역귀도 잘게 썰어서 이동하면서 시간 날 때마다 먹는다. 적게 먹어서 병에 걸리는 것이 아니라 너무 많이 먹어서 병에 걸리는 시대다. 많이 먹는데 그것도 내 몸에 건강한 피가 되고 살이 되는 음식이 아니라 '혀'가 좋아하는 인공의 '맛'에 길들여져 기계 도시의 석유 냄새 가득한 음식을 먹으면서 행복해 한다. 우리가 먹는, 공장에서 만들어진 모든 것들은 석유에서 추출한 화학물질들이다. 우리는 석유추출물을 그처럼 맛있게 먹는 것이다. 미국 식약청이 허가했던 화학물질로 만든 음식첨가제들의 무서운 결과가 수십 년이 지나 온갖 암이라는 결과물로 나오고 있지만 이제는 더 이상 금지시키거나 규제할 수 없다. 화학물질을 제조하는 회사들이 거대기업이 되어 전세계적으로 음식 시장을 장악하고 있기 때문이다. 잠에서 깨어날 시간이다. 일어나 걸을 시간이다. 나의 형제에게, 자매에게, 아들딸에게, 엄마아버지에게 쓰레기음식을 주지 말라. 그것은 서서히 죽어가는 독극물에 다름 아니다. 끊어라. 줄여라. 처음부터 다시 시작하자. 액션!*

나가며

공존과 공생의 건강한 삶을 꿈꾸며

헤이그에서 열린 '세계 채식인 회의'에서 90세에 도착한 헬렌 니어링이 연설을 했다.

"우리의 삶은 매 순간 선택이다. 쉼 없는 선택의 길. 그러므로 우리는 늘 깨어 있어야 한다. 소모적인 삶이 아니라 누군가에게 도움이 되는 삶, 보다 살기 좋은 세상을 만들어 가는데 도움이 되는 삶을 살아야 한다. 채식을 실천하는 것만이 아니라 좀더 멀리 나아가, 살아 있는 모든 것들과 조화롭게 공존해야 한다. 우리는 우주라는 전체의 일부이자 그것에 영향을 주며 살아가는 존재임을 인식해야 한다. 우리가 단순하고 간소하게 살며 생명 가진 모든 것을 사랑하고 아낄 수 있다면 우리는 삶이 우리에게 내어 준 과제를 실행한 것이라고 할 수 있다."

[소박한 밥상], 헬렌 니어링, 디자인 하우스

채식을 하든 육식을 하든 중요한 것은 함께 살아간다는 각성이 필요하다는 사실이다. 인간이라는 종족 혼자서만 살아가는 것이 아니기 때문이다. 우리는 지구상에서 온갖 식물들과 동물들이 어울려 살아가는 공동 집단에서 살아간다. 만물의 영장으로서 인간이 지구에 군림해도 된다는 발상처럼 위험한 것도 없는 것 같다. 이 발상으로 말미암아 우리는 자연을 아무 죄의식 없이 파괴하고 온갖 식물들과 동물들에게 화학약품을 살포한다. 인간을 위한 먹거리로 대상을 파악하고 그들에게 항생제, 방부제, 유화제, 성장촉진제 등 주지 않아야 할 것들을 먹인다. 결국 그 모든 화학물질들은 동식물을 식품으로 취하는 인간들의 입으로 고스란히 빨려 들어온다. 결과는? 100년 전에는 없었던, 100년 전에는 이름조차 없던 온갖 질병들을 인간의 몸에 들이는 것. 또한 화학 약품이나 물질들로 인해 지구의 생태계는 괴멸 중이다. 지구상에서 단란하게 살던 식물들과 동물들이 얼마나 빠른 속도로 멸종하고 있는지 알고 있는가?

공존 공생.

함께 존재하고 함께 사는 삶으로의 복귀.

말하자면 '오래된 미래'에로의 복귀가 이제 21세기 첨단 문명 시대의 새로운 과제가 되었다.

기술 공학, 농업화학, 화학의 통합적인 기여로 영양가는 높고 오염되지 않은 식품을 더욱 많이 양산할 수 있는 시스템이 가능하다면 더 없이 바람직할 것이다. 그러나 그럴 수는 없다. 인위적으로, 말하자면 자연을 비틀어 다른 방향으로 끊임없이 사방팔방 뻗어나가는 현재의 자본주의적 발상으로는 인간과 동식물의 터전인 땅이 빠른 속도로 산성화되는 현상을 바로 잡을 수 없다. 화학 비료를 사용함으로써 먹이 사슬의 모든 단계가 독성 물질을 만드는 단계에 이르렀다. 이것이 성장인가? 이것이 진화인가?

인간들은 지금 온갖 대사질환, 심장질환, 소화기질환을 앓고 있다. 최적의 건강 상태에 이른 사람들은 소수에 불과한 천연기념물이 되어 간다. 살아 있는 모든 것들은 유기적인 존재다. 모두가 일사불란하게 서로 서로 연결되어 있다. 땅에게, 동식물에게, 음식물에게, 자연에게 무차별 살포하고 첨가하는 화학물질의 사용을 줄이면서 종국에는 배제할 수 있는 시스템이 안착되기 위해서는 각 개인의 각성이 절실히 필요하다.

산성화되는 땅에서 생물은 살아갈 수 없다. 유기물질이 표토로 되돌려지고 지하수가 맑아지고 자연을 자연 상태로 복귀시키지 않는 한 생물들은 점점 질병덩어리가 되어갈 것이다. 미국의 경우 화학 비료를 사용하고 산성비가 내림으로써 경작할 수 있는 표토의 3분의 1 가량이 빗물에 씻겨 바다로 흘러가버렸다고 한다. 지금도 복귀되는 속도보다 더 빠른 속도로 표토가 유실되고 있다고 한다. 홍수가 나면, 수백만 톤의 비옥한 표토가 하류로 씻겨져 나간다고 한다. 1년에 50만 에이커에 달하는 막대한 양이 유실되고 있는 것이다. 인간은 땅속 벌레, 박테리아, 균류, 곤충, 동물들, 그리고 식물들이 살아가는 20센티미터 두께의 표토에 의지해 살아간다고 한다. 땅은 우리 삶의 근간이다. 땅이 오염되니 물이 오염된다. 땅이 오염되니 동식물이 오염된다. 동식물이 오염되니 인간이 오염된다. 그러나 여전히 알려고 하지 않는다. 눈을 감고 모른 체하면 상황이 제자리를 찾아 갈 것처럼 안일하게 생각하는 우리들.

[식물의 정신세계]에서 니콜스는, 다가오는 식량난의 시대에 비옥한 토지에서 생산된 적절한 영양물질들이야말로 부를 이루는 최고의 자원이 될 것이라고 말한다. 지구를 오염시키는 행위는 곧 인간 자멸의 길, 생명 자멸의 길을 부지런히 아무런 생각 없이 걷고 있는 것과 같다. 지구를 오염시키는 인간들인 우리들

에 대하여 생각한다. 보다 많은 양의 곡물을 생산하기 위하여 땅을 죽이고 보다 많은 동식물을 음식으로 확보하기 위하여 온갖 화학물질로 범벅을 만들어 놓고 그것들을 음식으로 먹으면서 과거에는 존재하지 않았던 무수한 질병들을 양산하고 그 질병으로 고통 받으면서도 왜? 인가에 대한 질문은 하지 않는 시대에 사는 우리들에 대하여 생각한다.

인간에게 단백질은 매우 중요한 요소이다. 이것은 인체를 구성하는 데 필요한 8가지의 필수 아미노산을 제공해주는 영양소이다. 아미노산은 22개의 종류가 있고 그 중 8가지는 성인에게는 필수적이고 성장기 어린이는 10가지가 필수적이다. 필수 아미노산만 공급되면 나머지는 인체가 만들어낼 수 있다고 한다.

육류는 이제 인간의 음식문화에서 필수적인 요소가 되었다. 그러나 육류라는 이름의 닭고기, 돼지고기, 소고기들은 유독한 살충제를 뿌려 기른, 품질 낮은 단백질이 함유되었거나 음식물 쓰레기를 통해 출처도 불분명한 잡종 사료를 강제로 먹여 키운다. 이 농약들이나 화학물질들은 곧바로 고기들의 지방질에 침투되고 그것을 먹은 인간들에게 심장병과 암을 비롯 온갖 질병을 선물한다.

우리가 삼시 세끼 먹는 음식들이 위험하다. 지뢰밭을 걷듯 살금살금 걸어도 피할 수 없는 것이 음식 중독이라는 세상이다. 육류에 길들여진 사람은 그 맛에 중독되어 있기 때문에 그것을 완전히 끊기란 매우 힘든 고통(일 것)이다. 하지만 조금씩 그 양을 줄여가야 한다. 너무 많이 먹어서 온갖 질병이 생긴다. 과식이나 폭식은 우리 신체를 늙게 할 뿐만 아니라 늘 잔병치레를 하게 한다. 늘 피곤하고 찌뿌둥하고 신경질적이거나 예민하게 한다.

최적의 건강상태를 유지한다는 것은 육체적, 정신적, 영적으로 건강한 상태를 의미한다. 일단 육체에 질병이 틈입하기 시작하면 모든 것들이 하나씩 무너지기 시작한다.

몸은 인간의 영혼을 담는 그릇이다. 일종의 성전이며 베이스캠프이다. 몸이 없으면 인간은 더 이상 인간일 수 없다. 몸에 대한 성찰이 필요하다. 먹거리에 대한 성찰이 필요하다. 생태계에 대한 성찰이 필요하다.

내가 무엇을 먹고 있는지, 무엇을 먹어서는 안 되는지, 건강하기 위하여 무엇을 공부해야 하는지, 음식물들이 몸 안으로 들어가 어떤 역할을 하는지, '혀'과 건강은 어떤 관계가 있는지 들여다보기 시작해야 한다. 너무 오래 살 위험이 있는 세상에서 우리가 산다. 평균 연령은 높아지지만 삶과 건강의 질까지 높아졌다고 말할 수는 없다. 경제적으로 유복해지고 그래서 많은 것들을 누릴 수 있는 (것처럼 보이는) 상태가 삶의 질까지 담보하지는 않는다. 진정으로 삶의 질을 높이고 싶다면, 참으로 인간답게 살고 싶다면 몸을 들여다보고 몸 안으로 들이는 음식들을 들여다보고 몸 안에서 어떤 일이 일어나고 있는지 들여다보아야 한다. 인간의 몸은 매우 정교한 작품이다. 이 작품을 단지 습관이 되어버린 '혀'에 좋은 음식들을 위 속으로 꾸역꾸역 구겨 넣어 자신의 몸 자체를 쓰레기로 만들어가는 사람들은 그럼에도 자신의 몸과 삶을 사랑한다고 착각한다. 진정으로 한 생을 생답게 살고 싶다면, 지구별 여행자로서 배우기를 게을리하지 않아야 한다. 진정한 탐구는 내 몸에서 출발한다. 내 몸을 들여다보지 못하고 내 몸을 지키지 못하고 내 몸을 단지 몸의 문지기에 불과한 세치 '혀'에게 모든 권한을 줘버리는 것이 얼마나 위험한지 자각해야 한다. 삶답게, 사람답게, 아름답게, 앎답게 살아간다는 것은 자각하고 통찰하는 순간에서야 비로소 시작될 것이다.

우리의 삶은 먹기 위해 있지 않다. 삶을 삶답게 운용하기 위한 최소한의 또한 최대한의 조건이 바로 몸뚱이의 건강임을 잊어서는 안 된다. 몸의 주인은 나다. 몸은 곧 나의 생각이며 나의 의식이다. 내가 스스로 통찰하지 못하는 나의 몸은 모든 것의 입구이며 출구로서 제대로 기능할 수 없다. 나의 몸은 쓰레기장이 아니다. 쓰레기 음식을 내 안에 들이지 말자. 습관은 손발과 같아 끊어내기가 너무 힘들다. 무엇을 끊어야 하고 무엇을 들여야 할지 결정하기가 너무 어렵다. 생각하지 않으면 인간은 몸의 노예, 음식의 노예, 생각의 노예, 질병의 노예로 살게 된다.

먹는다는 것은 위대한 결정이고 선택이다. 먹는다는 것은 삶의 철학이다. 삶의 철학이 없는 사람은 무엇이든 '혀'에 좋은 것들을 입 속으로 우겨 넣는다. 그럼으로써 위가 상하고 장이 상하고 장 속 미생물이 줄어들고 면역체계가 망가지고 대사장애에 시달리며 뇌와 심장과 모든 장기가 질병으로 물든다.

병은 내가 선택한 음식들, 생각들의 최종 '선물'일 뿐이다. 나의 삶에 대한 책임은 나의 병에 대한 책임까지 포함한다. 나의 삶에 대해 더 이상 방기하지 말자. 끊을 것은 끊고 줄일 것은 줄이자. 생각하고 사유하고 통찰하자. 생명은 모두 소중하다. 내 몸뚱이가 귀하면 인간뿐만 아니라 생명 있는 모든 것들이 소중하다는 인식으로까지 확대되어야 한다. 내 손톱 사이에 박힌 가시는 아픈 줄 알면서 다른 생명의 고통을 외면하는 그런 우리들이 되지 말자. 인간은 만물의 영장이라면서 만물의 영장으로서의 지혜는 서로 나누지 않고, 의무는 다하지 않고 권리만 우격다짐으로 주장해서는 안 된다. 나의 삶이 시작되는 첫 울음에서 죽음으로 일단락되는 마지막 순간까지의 시간이 전광석화처럼 빨리 달려간다고 느껴질 때가 있다. 인간의 한 생. 길기도 하고 짧기도 한 생을 드라마틱하게 보내는 우리들. 그 속에서 하루 하루를 살 때, 내가 살고 있는 순간들을 눈 똑바로 뜨고 바라보도록 하자. 내 한 사람의 삶이 얼마나 많은 사람들의 삶과 연결되어 있는지 생각해 보자. 얼마나 많은 생명들과 연결되어 있는지 잊지 말자. 늘 생각하자. 나는 곧 우주임을 깨달을 때까지. 나는 곧 너이고 나와 너는 곧 우리다. 우리는 나뉘는 존재가 아니며 홀로 존재하는 것도 아니다. 상생과 공생. 나의 행복이 곧 온 우주의 행복일 수 있을 통찰의 순간을 기대한다.*

참고문헌

에머런 메이어, [더 커넥션], 김보은 옮김, 브레인월드

허현회, [의사를 믿지 말아야 할 72가지 이유], 맛있는 책

허현회, [병원에 가지 말아야 할 81가지 이유], 라의눈

히메노 토모미, [두뇌영양실조], 김정환 옮김, 예인

F. 뱃맨겔리지, [자연이 주는 최상의 약, 물], 박영일 옮김, 동도원

가와기타 미노루, [설탕의 세계사], 장미화 옮김, 좋은 책 만들기

윌리엄 더프티, [슈거블루스], 이지영/최광민 옮김, 북라인

존 로빈스, [육식, 건강을 망치고 세상을 망친다 1], 이무열 옮김, 아름드리미디어

존 로빈스, [육식, 건강을 망치고 세상을 망친다 2], 손혜숙 옮김, 아름드리미디어

샤론 모알렌, [아파야 산다], 김소영 옮김, 김영사

닉 레인, [산소], 양은주 옮김, 뿌리와 이파리

피터 톰킨스/크리스토퍼 버드, [식물의 정신세계], 황금용/황정민 옮김, 정신세계사

이서영, [마음밥], 솔아북스

아보 도오루, [사람이 병에 걸리는 단 2가지 원인], 기준성 감수/박포 옮김, 중앙생활사

로버트 마우어, [아주 작은 반복의 힘], 장원철 옮김, 스몰빅라이프

미국상원영양문제특별위원회, [잘못된 식생활이 성인병을 만든다], 원태진 편역

헬렌 니어링, [소박한 밥상], 공경희 옮김, 디자인하우스

브래드 필론, [먹고 단식하고 먹어라], 고수민 감수, 박종윤 옮김, 36.5